Ursula Steinbuch

Raus mit der Sprache

Ohne Redeangst durchs Studium

Campus Verlag
Frankfurt/New York

Bibliografische Information der Deutschen Bibliothek
Die Deutsche Bibliothek verzeichnet diese Publikation in der Deutschen
Nationalbibliografie. Detaillierte bibliografische Daten sind im Internet über
http://dnb.ddb.de abrufbar.
ISBN 3-593-36071-3

3., aktualisierte Auflage 2005

Besuchen Sie uns im Internet: www.campus.de

Inhalt

Vorwort

Ich schreibe dieses Buch, weil mir während meiner 20-jährigen Tätigkeit in der Psychologischen Beratung der FU Berlin viele Studierende begegnet sind, die sich mit Redeangst herumschlagen und denen sie zum Teil das Studium verleidet.

Aufgrund dieser Erfahrung habe ich ein Rede-Trainingsprogramm kontinuierlich weiterentwickelt, von dem die Teilnehmerinnen und Teilnehmer sehr profitierten, die fest entschlossen waren, dem Problem zu Leibe zu rücken.

Da sich viel mehr Personen für die Kurse interessierten als aufgenommen werden konnten, will ich versuchen in Buchform zu vermitteln, wie der Redeangst beizukommen ist. Das Buch soll zum Aktivwerden ermutigen und Anleitung zur Selbsthilfe sein.

Vielleicht ist auch die Teilnahme an einem Gruppentraining für viele ein zu großer Schritt, denen es deshalb entgegenkommt, wenn sie zunächst ein Buch zur Hand nehmen können.

Auch für diejenigen, die ein Training gegen Redeangst mitgemacht haben, könnte es nützlich sein, das eine oder andere noch einmal nachzulesen und zu vertiefen. Schließlich kann das Training einen Veränderungsprozess nur anstoßen; die Hauptarbeit – das Dranbleiben, um eine dauerhafte Veränderung zu erreichen – kommt danach.

Frei nach Wilhelm Busch:

Das Reden tut dem Menschen gut,
vor allem, wenn man es selber tut.

Ursula Steinbuch, im Juli 2005

1.

Redeangst
Ein weitverbreitetes Phänomen an der Hochschule

Problembeschreibung

In Seminaren oder Übungen fällt immer wieder auf, dass sich nur einige wenige Studierende mit eigenen Redebeiträgen an den Diskussionen beteiligen. Das wäre nicht weiter schlimm, wenn die Schweigenden sich in ihrer Haut wohl fühlten und wenn sie an der Hochschule ohne Reden gut über die Runden kämen. Beides ist aber nicht der Fall, wie die folgenden Äußerungen von Studierenden zeigen:

(A) Seit Beginn des Studiums habe ich einen ›Horror‹ vor Referaten; davor, im Seminar meine Meinung zu sagen, also vor mir unbekannten Menschen zu sprechen. Ich merke jedesmal, wenn ich ein Referat halten muss, wie mein Blutdruck steigt, die Hände zittrig werden und ich total Angst kriege, dass meine Stimme versagt, ich vor lauter Hemmung nicht mehr geordnet denken kann. Besonders schwierig finde ich es, wenn reihum etwas gesagt werden soll oder eine Rednerliste erstellt wird, da ich dann nicht spontan etwas sage, sondern die ganze Zeit warte, darüber nachdenke und in dieser Zeit meine Aufregung zunimmt.

Ich kann mich außerdem während eines Referats kaum selbst einschätzen, also ob meine Stimme zu laut oder zu leise, mein Redetempo zu langsam oder zu schnell ist. Teilweise bin ich so sehr bei den anderen oder meiner Aufgeregtheit, dass ich den Bezug zum Inhalt meines Vortrags verliere.

In Prüfungssituationen sitze ich mit ›zugeschnürter‹ Kehle vor der Prüferin bzw. dem Prüfer. Mein Herz klopft bis zum Hals, aber nicht aus Angst, dass ich nichts weiß, sondern aus Angst, mich zu blamieren mit dem, was ich sage.

(B) Wenn ich mich entschließe, etwas zu sagen, bzw. wenn mir nur ein Gedanke für einen Beitrag kommt, werde ich zunehmend aufgeregt, und mein Herzschlag übertönt alles andere. Ich entschließe mich dann meistens dazu, mich nicht zu melden.

Meine Redebeiträge vor einer größeren Gruppe, sei es bei einer Diskussion im Seminar oder während ich ein Referat halte, sind für mich eine Situation, in der ich die Kontrolle über meine Gedanken zu verlieren scheine. Selbst wenn ich vorbereitet bin, habe ich keinen Zugriff zu dem Vorbereiteten. Es fällt mir erst hinterher wieder ein. Fragen, die sich auf mein Referat beziehen, können daher von mir nur unzureichend beantwortet werden, und ich fühle mich irgendwie bloßgestellt. Jede Ruhe ist verloren. Nachdenken ist in der Referatsituation nicht möglich. Meine Stimme zittert, die Sprache ist gebrochen, oft versagt sie vollständig. Ich habe das Gefühl, dass ich das, was ich sagen wollte, nicht gesagt habe, ohne jedoch zu wissen, was ich überhaupt gesagt habe.

(C) Ich studiere im 19. Semester und bin Zeit meines Studiums allen Situationen aus dem Weg gegangen, in denen ich in einem Seminar hätte reden müssen, angefangen mit einfachen Redebeiträgen bis hin zum Halten von Referaten. Dadurch hat sich meine Studienzeit enorm verlängert.

Im letzten Semester habe ich zum ersten Mal den Versuch gemacht und gleich zwei Referate gehalten. Auf der einen Seite hat es sehr gut getan zu sehen, dass das unmöglich Geglaubte doch möglich ist, auf der anderen Seite waren die Angst und die Aufgeregtheit so groß, dass ich das Gefühl hatte, mich nicht unter Kontrolle zu haben.

Ich denke, dass ich durch das Trainieren solcher Situationen besser mit meiner Angst vor diesen Situationen umzugehen lerne, sich die Angst an sich vielleicht auch reduziert.

10

(D) Ich habe Schwierigkeiten, überhaupt einen Redebeitrag zu leisten, insbesondere wenn alle einen ansehen und ich vor einer großen Gruppe sprechen soll, deshalb drücke ich mich vor Referaten.

Ich fühle mich zu alt fürs Studium neben all den sicheren, jungen, nicht mit den Alltagsproblemen des Berufs konfrontierten Leuten.

Außerdem habe ich permanente Angst, zu wenig zu wissen oder ›Falsches‹ bzw. ›Unwissenschaftliches‹ zu sagen, und dass jeder Satz, den man sagt, von einigen Mitstudenten immer total ›zerfetzt‹ wird.

Die Erwartungen, die ich an mich selbst stelle, sind zu hoch, das führt zu einer totalen Blockade.

Ich nehme mir und habe zu wenig Zeit, sicheres Wissen anzuhäufen. Vielleicht wäre ein Redebeitrag dann eher möglich.

(E) Wenn ich ein Referat halten muss, habe ich Angst, alles zu vergessen, obwohl ich mich schon immer so vorbereite, dass ich mindestens doppelt so viel lese wie nötig. Nach dem Referat kann es sein, dass ich alles vergessen habe, die Blätter weg packe und nie wieder anrühre. Außerdem kriege ich sofort Rückenschmerzen, sobald die Situation vorbei ist.

Da ich nie etwas sage, es aber eigentlich möchte, also voll von Gedanken bin, fühle ich mich ziemlich gefrustet, wenn ich nach der Uni heimkomme. Der Erstbeste muss sich dann einen Stundenmonolog von mir gefallen lassen.

(F) Die Hemmung, in einem Seminar zu sprechen, wirkt auch in andere Bereiche hinein. Ich leiste so gut wie nie mündliche Beiträge und drücke mich, wenn möglich, vor Referaten. Die körperlichen Auswirkungen sind stark, ich bekomme Schweißausbrüche und Kopfschmerzen. Ich habe während des Sprechens ein starkes Verlangen, keine Fehler zu machen, was mich in meiner Spontaneität, meiner Ausdrucksweise und der Verständlichkeit oft stark einschränkt. Die Erfahrungen aus den Seminaren hindern mich teilweise daran, mich im privaten Kreis so uneingeschränkt zu äußern, wie ich es gern möchte. Erstaunlich und für mich unverständlich dabei ist, dass ich auf

andere zumeist souverän, im negativen Fall aber auch arrogant wirke.

(G) Es beeinträchtigt mein Leben und meine Lebensfreude sehr, in Gruppen nichts sagen und nicht mitreden zu können. Manchmal werde ich auch nicht beachtet, wenn ich etwas sage. Ich bin dann oft deprimiert, wenn ich nach Hause gehe, und fühle mich völlig minderwertig, was dann natürlich auch mein Privatleben, besonders die Beziehung zu meinem Freund, beeinträchtigt.

Es ist auch schlimm, jeden Tag Angst zu haben, es könnte eine Situation eintreten, die ich nicht bewältigen kann. Letztlich beeinträchtigt es auch meine Gesundheit, ich bin dauernd verspannt und ich habe oft Herzklopfen.

Um uns dem Problem Redeangst anzunähern, sollen die beispielhaft ausgewählten Fälle jetzt insbesondere unter folgenden Gesichtspunkten betrachtet werden.

Die Situationen

In welchen konkreten Situationen tritt Redeangst auf?

Alle Beispiele zeigen, dass die Angst, einen Redebeitrag zu leisten, nicht nur bei Referaten oder ähnlichen Situationen auftritt, in denen man sich vor einer Gruppe exponiert, sondern auch bei einfachen freiwilligen Diskussionsbeiträgen. Es sind immer Situationen, in denen sich die Aufmerksamkeit der anderen auf einen selbst konzentriert, in denen man im Mittelpunkt steht.

Je größer und je fremder die Gruppe ist, vor der man redet, desto größer ist die Redeangst. Sie tritt in der Regel weniger auf in spontanen Redebeiträgen als vielmehr bei vorbereiteten Referaten, aber auch schon dann, wenn reihum etwas gesagt werden soll oder eine Rednerliste erstellt wird. Was spontan noch gelingt, wird mit der Wartezeit schier unmöglich, weil die Aufregung zunimmt.

Angst entsteht nicht nur im Augenblick der Redesituation

selbst. Häufig reicht es schon aus, sich die Redesituation nur vorzustellen, und Angst setzt ein. Schließlich überträgt sich die an der Hochschule erlebte Redeangst bei manchen auch auf den privaten Bereich oder auf den Job.

Die Symptome

Was sind die typischen Symptome von Redeangst?

Den Beispielen zufolge äußert sich die Angst in körperlichen Symptomen: Stimme, Kopf, Hände können zittern, das Herz bis zum Hals schlagen oder so laut, dass es alles übertönt. Die Sprache ist gebrochen oder versagt gar.

Dann spielt sich auch im Kopf eine Menge ab: Es ist vielfach davon die Rede, keine Kontrolle zu haben, weder über die eigenen Gedanken, noch über sich selbst. Befürchtungen, dass Schwächen aufgedeckt werden, dass man sich eine Blöße geben könnte, spielen eine zentrale Rolle.

Zu diesen kognitiven Symptomen gehört auch Unsicherheit über die eigene Wirkung. Wie komme ich, wie kommt das, was ich sage und wie ich es sage, bei den anderen an; habe ich das, was ich sagen wollte, auch wirklich gesagt? Parallel zum Reden scheint man permanent zu bewerten und nach wertenden Reaktionen bei den anderen zu suchen und mehr Aufmerksamkeit hierauf zu verwenden als auf den Inhalt des Beitrags.

Die Gründe

Welche Gründe geben die Studierenden für ihre Redeangst an?

Auf Gründe für die Angst wird in den Beispielen weniger eingegangen. Fest steht jedoch, dass es in aller Regel nicht etwa Desinteresse oder Unwissenheit ist. Im Gegenteil, es wird eine deutliche Diskrepanz wahrgenommen zwischen dem Bedürfnis, aktiv mit eigenen Beiträgen an Seminaren teilzunehmen, und dem tatsächlichen Verhalten, diesen Beitrag – aus welchen Gründen auch immer – nicht zu leisten.

Zum Teil wird realistisch eingeschätzt, dass man zu wenig sicheres Wissen angehäuft hat, und ein Redebeitrag bei mehr Wissen leichter fiele.

Zuweilen tauchen negative Erfahrungen auf, die man während der Schulzeit oder während einer Berufstätigkeit gesammelt hat.

Schließlich kommt immer wieder mehr oder weniger direkt zum Ausdruck, dass man unrealistisch hohe Erwartungen – megalomane Ansprüche – an sich selbst stellt.

Die Folgen

Welche Folgen hat die Redeangst?

Die gängigste Reaktion auf die geschilderten Symptome ist Vermeidung. Schweigen bedeutet, auf der sicheren Seite zu sein, man kann sich nicht in der einen oder anderen Weise blamieren. Je länger dieses Schweigen andauert, um so mehr verfestigt sich das Problem Redeangst, und auch das Selbstwertgefühl leidet empfindlich darunter. Schließlich reicht schon die bloße Vorstellung einer Redesituation aus, um Angstgefühle entstehen zu lassen: Die Angst vor der Angst stellt sich ein.

Redeangst wirkt sich gravierend auf Studienerfolg und Studienzufriedenheit aus. In manchen Fällen kann sie auch auf das Verhalten im Freundeskreis, auf die Beziehung zum Partner und auf die Gesundheit durchschlagen.

Das Fazit

Welche Schlüsse sind daraus zu ziehen?

Wenn Sie Ihr Umfeld einmal genau beobachten, werden Sie feststellen, dass ziemlich viele Menschen Redeangst haben und dass bei manchen die Ausprägung noch schlimmer ist als bei Ihnen. Damit hat sich zwar für Sie noch nichts verändert, aber es erleichtert ungemein, wenn man realisiert, dass man mit der Angst nicht alleine ist.

Sie haben jetzt die Wahl zwischen der Vermeidungsstrategie und der Auseinandersetzungsstrategie.

Die Vermeidungsstrategie ist zwar eine Lösung, aber die schlechteste aller denkbaren Lösungen. Denn ohne dass Sie sich der Situation stellen, machen Sie keine Erfahrungen damit, was Sie schon können und was Sie noch nicht können. Und ohne Übung gibt es keine positive Veränderung, sondern mit der Zeit sogar eine Verschlimmerung des Problems. Der Gedanke, »es wird sich schon noch von selbst regeln«, ist eine Falle. Die Folgen sind zunehmende Unsicherheit, Unzufriedenheit, Frustration und verlängerte Studienzeiten.

Bei der Auseinandersetzungsstrategie ist die Einsicht wichtig, »dass es nicht mehr so weiter geht«, dass Sie den Willen haben, etwas zu ändern. Sie brauchen eine gehörige Portion Mut zum Experimentieren, um Dinge zu tun, die Sie bisher geflissentlich vermieden haben. In einem der Beispiele kommt dieser Gedanke sehr treffend zum Ausdruck: »Trainieren, um mit der Angst besser umzugehen, trainieren, um die Angst an sich auch zu reduzieren.«

Ergänzend gilt auch hier der Merksatz: Man darf viele Fehler machen, nur einen nicht – aus Angst vor Fehlern gar nichts machen.

Ich möchte Sie nun bitten, sich Zeit zu nehmen und so ausführlich wie möglich zu beschreiben, wie sich das Problem Redeangst bei Ihnen manifestiert.

Wie sind die Situationen beschaffen, in denen sie auftritt?

....

....

....

....

....

Welche Symptome stellen Sie bei sich fest?

....

....

....

Welche Folgen/Konsequenzen hat die Angst für Sie?

Welches Fazit ergibt sich daraus für Sie oder: welche Ziele wollen Sie mit Hilfe dieses Buches erreichen?

In dem folgenden Fragebogen sind sieben Redesituationen beschrieben, mit denen Sie das Ausmaß Ihrer Redeangst einschätzen können. Lassen Sie sich Zeit und versetzen Sie sich in die jeweilige Situation, stellen Sie sich die Umstände in Einzelheiten möglichst anschaulich vor und schätzen Sie jeweils ab, wie stark Ihre Angst, Anspannung oder Nervosität sein würde, wenn Sie sich in dieser Situation befänden.

Verwenden Sie für die Einstufung die vorgegebene Skala von 0 bis 100, wobei 0 völlig angstfrei und entspannt und 100 extrem ängstlich und angespannt bedeutet, und kreuzen Sie die entsprechende Zehnerziffer an.

Auch wenn Sie sich für nicht besonders redeängstlich halten, dürfte es ganz interessant sein zu sehen, wie Sie auf die einzelnen Situationen reagieren, ob Sie überall 0 ankreuzen oder auch Unterschiede registrieren.

Angsthierarchie

(Ausmaß der Hemmungen, vor Gruppen zu reden)

1. In einer Veranstaltung (stellen Sie sich bei dieser und allen folgenden Situationen eine Veranstaltung mit etwa 15 bis 30 Teilnehmern vor) soll eine kurze Textstelle (2 Sätze) vorgelesen werden. Sie melden sich und werden aufgerufen.

   0   10   20   30   40   50   60   70   80   90   100

2. Sie werden – ohne sich gemeldet zu haben – aufgerufen. Sie wissen die Antwort.

   0   10   20   30   40   50   60   70   80   90   100

3. Sie melden sich, um eine Frage zu stellen, und werden aufgerufen. Alle schauen Sie an.

   0   10   20   30   40   50   60   70   80   90   100

4. Der Dozent stellt eine Frage und ruft Sie auf. Sie wissen die Antwort nicht.

   0   10   20   30   40   50   60   70   80   90   100

5. Sie werden aufgefordert, aufzustehen und einen Text, den Sie eben durchgelesen haben, in ein paar Sätzen zusammenzufassen. Alle schauen Sie an.

   0   10   20   30   40   50   60   70   80   90   100

6. Sie halten im Stehen ein kurzes Referat (5 bis 10 Minuten) über ein Thema, das Sie gut beherrschen. Sie haben nur einige Stichworte notiert.

   0   10   20   30   40   50   60   70   80   90   100

7. Sie halten im Stehen ein Referat (20 Minuten) vor ca. 40 Zuhörern. Sie haben ein vollständiges Konzept und dürfen ablesen.

0	10	20	30	40	50	60	70	80	90	100

Von der Schule zur Hochschule

Biographische Veränderungsprozesse und institutionelle Bedingungen

Der Studienbeginn fällt für die meisten mit einer ohnehin schon schwierigen Phase zusammen. Die Ablösung von den Eltern steht an, oft für beide Seiten ein belastender Prozess.

Es ist die Zeit, in der Sie überprüfen, welche der übernommenen Einstellungen und Wertmaßstäbe Sie weiterhin für sich für wichtig und richtig finden und deshalb beibehalten wollen, und was Sie anders machen wollen, als Sie es bei Ihren Eltern gesehen und gelernt haben. Es geht darum, Neues zu erproben und einen eigenen Weg zu finden, der sich bei den meisten erst nach einer Phase von Versuch und Irrtum – begleitet von Höhen und Tiefen – mit der Zeit herauskristallisiert. Das wiederum macht das Standhalten in Konflikten mit den Eltern oft schwierig, und immer wieder ist man in Gefahr, vorschnell nachzugeben, und muss dann hinterher verlorenes Terrain wieder mühsam zurückgewinnen.

In der Schule hatte der Einzelne im Rahmen des Klassenverbandes seinen festen Platz, es war klar, wo man stand. War man dort unter den Besten, so findet man sich nun eventuell in einem Hörsaal wieder, in dem viele andere auch unter den Besten ihrer jeweiligen Klasse waren. Das Vergleichen mit den anderen und das Zweifeln an sich selbst beginnen.

Zudem ist der Studienbeginn oft mit einem Ortswechsel verbunden, das heißt, der etablierte, vertraute Freundeskreis gibt keine Rückendeckung mehr, neue soziale Kontakte, Beziehungen müssen gefunden und aufgebaut werden.

Die Lernbedingungen an der Universität unterscheiden sich gewaltig von denen in der Schule. Universität ist nicht die Fortsetzung von Schule. Ich wiederhole das, weil ich glaube, dass das – übrigens von allen Beteiligten – nicht genügend berücksichtigt wird, und oft sind erste Enttäuschungen und Entmutigungen die Folge.

Frei über Ihre Zeit zu verfügen ist einerseits ein wunderbares Privileg, das die Hochschule Ihnen bietet. Andererseits birgt es große Risiken, weil Sie jetzt nicht nur für Ihre Zeiteinteilung, sondern auch für die Auswahl der Inhalte und Veranstaltungen selbst verantwortlich sind. Das Angebot ist groß, und Sie können nur einen Bruchteil davon in Anspruch nehmen. Aber welchen? Noch fehlen Kriterien und Strategien, um sich in der großen Vielfalt und Unverbindlichkeit orientieren zu können. Auch hier gibt es Unsicherheit.

Neben der Eigeninitiative verlangt die Hochschule auch die Fähigkeit, stärker sich selbst und die eigenen Arbeitsergebnisse zu präsentieren, sei es schriftlich in Übungs- und Seminararbeiten, sei es mündlich in Diskussionsbeiträgen und Referaten, ohne dass dafür eine gezielte Anleitung bereit gehalten wird.

Überhaupt haben Sie sich mit Ihrer Entscheidung für die Hochschule unter den heutigen Studienbedingungen an einen unwirtlichen Ort begeben. Es ist viel die Rede von der Anonymität und Distanziertheit an der Massenuniversität. Das gilt auch für die Lehrveranstaltungen, die in den meisten Fächern nicht gerade darauf angelegt sind, die Kommunikation zu fördern, weder zwischen den Kommilitonen untereinander noch mit Dozenten und Professoren.

Ich erwähne dies, weil nicht alles Schweigen dem individuellen Unvermögen anzulasten ist. Ich meine allerdings, dass da, wo die äußeren Bedingungen nicht von heute auf morgen zu ändern sind – und an dem Faktum Massenuniversität wird sich so schnell nichts ändern –, es notwendig ist, sie erst einmal als gegeben zur Kenntnis zu nehmen. Das heißt weder, sie zu rechtfertigen, noch vor ihnen zu kapitulieren.

Damit stellt sich für jeden Studierenden die Frage: Was kann ich, will ich, muss ich tun, um mich zurechtzufinden, um mit diesen erschwerten Bedingungen klarzukommen?

Es ist eine Versuchung, die objektiv vorhandenen Unzulänglichkeiten so in den Vordergrund zu schieben, dass man sich gut hinter ihnen verstecken und damit dann die eigene Passivität rechtfertigen kann. Das führt aber nicht weiter.

Beide Faktoren, sowohl die biographischen Veränderungsprozesse als auch die institutionellen Bedingungen, führen zu Umbruch, Neuorientierung und damit zu Unsicherheiten auf verschiedenen Ebenen. Kein Wunder, dass sich das bisweilen auf das Selbstwertgefühl niederschlägt, dass Sie gerade in dieser Phase darauf angewiesen sind, für das, was Sie tun, Bestätigung und Anerkennung durch andere zu erfahren, und auch Gefahr laufen, sich zu überschätzen und mit unrealistischen Vorstellungen und Ansprüchen an sich selbst zu überfordern.

Mit dieser komprimierten Auflistung möchte ich um einen verständnisvollen und freundlichen Umgang mit sich selbst werben. Ich fürchte, dass das für die meisten von Ihnen noch keine Selbstverständlichkeit ist. Aber es studiert sich besser, wenn Sie nicht besser sein wollen, als Sie sind, und sich und anderen das eingestehen – wenn Sie also gar nicht erst dem Uni-Bluff aufsitzen.

Sehr eingängig beschreibt Wolf Wagner diese Mechanismen in seinem Buch *Uni-Angst und Uni-Bluff – wie studieren und sich nicht verlieren,* das längst als Klassiker gilt und das unter der Überschrift »Wer nicht fragt, bleibt dumm« mit dem Hinweis empfohlen wurde, dass es Pflichtlektüre für Leute im ersten Semester sein sollte – und für solche im zwanzigsten erst recht.

2.

Ein wenig Theorie
Der Redeangst auf die Spur kommen

Das Gefühl Angst

Sich überwiegend den angenehmen, schönen Seiten des Lebens zuzuwenden entspricht einem verbreiteten Zeitgeist. Alles, was sich unserer erfolgs- und wohlstandsorientierten Einstellung in den Weg stellt und stört – beispielsweise Angst –, wollen wir nicht wahrhaben. Ich will Sie mit ein paar allgemeinen Überlegungen dazu anregen, das Gefühl Angst an sich herankommen zu lassen und sich mit ihm zu beschäftigen.

Angst ist prinzipiell ein ganz wichtiges Gefühl, ein Signal, dass man sich in Gefahr befindet oder sich in Gefahr fühlt.

Angst als Reaktion, wenn Gefahr im Verzug ist, hat in der Entwicklungsgeschichte des Menschen eine wichtige Funktion: Sie sichert sein Überleben. Sobald wir etwas wahrnehmen, das uns bedrohlich erscheint, verspüren wir Angst. Angst ist unser »psychologisches« Warnsystem.

Wir wissen, dass durch die Angst im Organismus schlagartig Reserven mobilisiert werden (durch vermehrte Ausschüttung von Adrenalin und Noradrenalin) und der Bedrohte auf Flucht oder Kampf eingestimmt wird.

Zwar gibt es auch heute noch Situationen, in denen es ums rein physische Überleben geht, wo Angst die Funktion hat, körperliche Höchstleistungen auszulösen, um physische Bedrohung zu überwinden. Aber sehr viel häufiger tritt Angst in Situationen auf, die als soziale Bedrohung empfunden werden, deren Bewältigung intellektuelle Leistungen verlangt. In derartigen Situationen ist Angst mit ihren durch sie freigesetzten physischen Reaktionen und Energien dann gerade kein »Lebensretter«, sondern verhindert eher, dass wir unser Bestes geben.

Da es also heute überwiegend nicht mehr um das körperliche Überleben geht, stellt sich die Frage, was an sozialen Situationen so gefährlich sein kann, dass unser Körper in seiner Reaktion keinen Unterschied macht zwischen der sozialen Bedrohung durch andere Menschen und der Lebensbedrohung durch eine Horde Raubtiere.

Wir haben gesehen, dass es sich beim Übergang von der Schule zur Hochschule um eine Phase der Neuorientierung und Verunsicherung handelt und dass das Selbstwertgefühl gerade dann auf wohlwollenden Zuspruch, Anerkennung und Unterstützung angewiesen ist, man sich also abhängig fühlt von der Zustimmung der Gruppe.

Wenn man einerseits das Gefühl hat, dass der Selbstwert von der Zustimmung der andern abhängt, aber andererseits von der Gruppe nur erwartet, dass sie ›kritisiert‹, ›bloßstellt‹, ›Fehler nachweist‹ oder ›Beiträge zerfetzt‹, dann löst das in der Tat außerordentlich bedrohliche Gefühle aus. Wenn man die Gruppe so sieht, wie beschrieben, wenn man vermutet, von den anderen entwertet und verachtet zu werden, ist es angemessen, mit Angst zu reagieren.

Angst gehört unausweichlich zu unserem Leben. Es ist eine Illusion zu glauben, dass wir ein Leben ohne Angst leben können. Wir können nur versuchen, Gegenkräfte gegen die Angst zu mobilisieren bzw. zu entwickeln: Mut, Vertrauen, Hoffnung, Geduld, Erkenntnis. Diese können uns helfen, Angst anzunehmen, uns mit ihr auseinander zu setzen, sie immer wieder neu zu besiegen.

Wenn wir Angst einmal »ohne Angst« anschauen, dann bekommen wir die Vorstellung von einer Medaille mit zwei Seiten: Einerseits kann sie uns aktiv machen, andererseits kann sie uns lähmen. Ob sie uns aktiviert oder lähmt, hängt vom Grad der Angst ab. Moderate Angst mobilisiert zusätzliche Kräfte. Übermächtige Angst führt zu Kontrollverlust und unkoordiniertem

Verhalten. Ob sie uns aktiviert oder lähmt, hängt aber auch von den Verarbeitungsmechanismen ab: ob jemand eher gelernt hat, dass es ihm besser geht, wenn er die Angst vermeidet, indem er sie verdrängt, überspielt, leugnet; oder ob er gelernt hat, dass es ihm besser geht, wenn er ihr begegnet und sie überwindet.

Jeder Mensch hat seine persönliche individuelle Form der Angst und der Angstbewältigung. Sie hängt mit unseren Lebensbedingungen, das heißt mit unseren Anlagen und unserer Umwelt zusammen; sie hat für jeden von uns eine eigene Entwicklungsgeschichte, die praktisch mit unserer Geburt beginnt.

Das Annehmen und das Meistern der Angst markiert einen Entwicklungsschritt, lässt uns ein Stück reifen. Das Ausweichen vor ihr und das Vermeiden der Auseinandersetzung mit ihr, lässt uns dagegen stagnieren. Es hemmt unsere Weiterentwicklung und lässt uns dort kindlich bleiben, wo wir die Angstschranke nicht überwinden (Riemann, 1975).

Ursachen für Redeangst

Wenn ich an der Hochschule Veranstaltungen zum Umgang mit Redeangst anbiete, ist es mir bei der jeweiligen Vorbesprechung wichtig zu betonen, dass es sich *nicht* um eine Therapie-, sondern um eine Trainingsgruppe handelt. Das heißt, wir beschäftigen uns nicht in erster Linie mit den Ursachen für Redeangst bei den einzelnen Teilnehmern. Man kann viel Zeit auf die Ursachenanalyse verwenden, aber am Verhalten hat sich deshalb noch lange nichts geändert. Ähnlich wie beim Autofahren, das man lernen kann, ohne das Innenleben eines Motors genau zu kennen und zu verstehen, kann man lernen, mit der Redeangst umzugehen, ohne genau zu wissen, worauf sie zurückzuführen ist.

Dennoch lohnt sich ein kurzer Blick auf die unterschiedlichen Erklärungsansätze für Redeangst (Beushausen, 1996).

An den unterschiedlichen Ursachen, die genannt werden, lässt sich zugleich ablesen, welche Bedeutung einerseits den biologischen Faktoren und der eigenen Veranlagung, andererseits den sozialen Faktoren und der Umwelt beigemessen wird.

- Eine mögliche Ursache für Redeangst ist die genetische Disposition. Ihr Einfluss wird aber eher gering eingeschätzt.
- Redeängste können auch in Zusammenhang stehen mit der Verstärkung bzw. Bestrafung, wenn ein Kind für seine Versuche, mit anderen zu kommunizieren, keine Verstärkung oder gar Bestrafung erfährt (Klassisches Konditionieren). Redeängstliche scheinen häufiger bestraft oder gemaßregelt und weniger in ihrem Kommunikationsverhalten bestärkt worden zu sein als Nicht-Redeängstliche. Wer wegen seiner Äußerungen häufiger kritisiert worden ist, neigt eher dazu, derartige Situationen zu vermeiden, was dann wiederum mangelnde Erfahrung im Reden zur Folge hat. Gedanken des Selbstzweifels, der eigenen Inadäquatheit und Selbstbeschuldigung können als verinnerlichte Missbilligung der Umgebung interpretiert werden.
- Wenn man davon ausgeht, dass Kinder ihre Eltern in ihrem Kommunikationsverhalten nachahmen, führen ein mangelhaftes Vorbild oder soziale Isolierung zur Verinnerlichung eines defizitären Modells kommunikativer Fertigkeiten (Modell-Lernen).
- Ein weiterer Ansatz erklärt Redeangst mit dem unvollständigen Erwerb kommunikativer Fähigkeiten (Skills-Defizit-Hypothese). Die Entwicklung von Redefähigkeit verläuft langsamer als bei anderen, so dass für die betroffene Person Redesituationen mehr und mehr negativ besetzt sind, in denen sie schließlich Redeangst empfindet.
- Das kognitive Selbsteinschätzungsmodell geht von der Prämisse aus, dass Redeangst nicht aus einem objektiv vorhandenen Skill-Defizit an sich resultiert, sondern aus der subjektiven Wahrnehmung der eigenen Unzulänglichkeit. Untersuchungen zeigen, dass Redeängstliche ihre Fähigkeiten und ihre Leistung unterschätzen, sich selbst negativer bewerten, als es das Publikum tut, und die Zuhörer für weniger positiv gestimmt halten als Nicht-Redeängstliche.

- Im psychodynamischen Erklärungsansatz von Redeangst steht der Wunsch nach Aufmerksamkeit (Anerkennung für einen Redebeitrag) im Konflikt mit der Angst vor Zurückweisung (Kritik seitens der Zuhörer für einen Redebeitrag) und Kontrollverlust (Ausbruch eigener Aggressivität bei Misserfolg). Redeangst wird als Hemmung des Bedürfnisses nach Selbstdarstellung gesehen.
Die erlebte Angst hat ihren Ursprung in einer ganz anderen Situation, zum Beispiel mit Eltern oder Geschwistern, und wird in der Redesituation wieder neu belebt.

Zusammengefasst kann man feststellen, dass eines der Erklärungsmodelle auf eine genetische Disposition zurückgreift, drei auf lerntheoretische Ursachen, ein Modell geht von subjektiven Fehleinschätzungen aus und ein weiteres von einem inneren Konfliktgeschehen.

Nach meinen Beobachtungen in den Trainings steht Redeangst vor allem für

- Angst vor Kritik durch andere,
- Angst, Fehler zu machen und sich zu blamieren,
- Angst, dem eigenen Idealbild nicht zu entsprechen.

Die Symptome

Wie wir anhand der Beispiele gesehen haben, tritt Redeangst (Redehemmungen und Lampenfieber werden synonym verwendet) im Zusammenhang mit kleineren, vor allem aber größeren Gruppen auf. Das Entscheidende ist der Zusammenhang mit einem Publikum – gleichgültig, ob das Publikum tatsächlich oder nur in der Vorstellung vorhanden ist, und gleichgültig, ob man tatsächlich redet oder sich nur vorstellt zu reden.

Sicher ist die Situation des öffentlichen Redens, also des Redens vor Studierenden und Lehrenden oder vor einem anderen, wenig vertrauten Publikum, keine Alltagssituation. Und alles, was wir nicht tagtäglich, das heißt routiniert machen, ist von einem gewissen Erregungszustand (»arousal«) begleitet. Diese Erregung, Anspannung ist eine ganz normale Stressreaktion. Das gilt umso mehr für Fertigkeiten, die wir noch im Begriff sind zu lernen.

Diese Erregung macht sich, wie wir gesehen haben, an bestimmten Symptomen fest, und wenn wir jetzt noch einmal genauer hinschauen, können wir drei unterschiedliche Ebenen ausmachen, auf denen sie auftreten:

Physiologische Symptome

Sobald Angst/Redeangst im Spiel ist, findet in unserem Organismus eine Reaktion statt, die vermehrt Noradrenalin und Adrenalin freisetzt und den Körper in einen Zustand höchster Reaktions- und Leistungsbereitschaft versetzt. Zu den physiologischen Folgen der Redeangst gehören unter anderem

- erhöhter Blutdruck,
- beschleunigter Puls,
- Schwitzen, Rotwerden,
- erhöhte Spannung der Körpermuskulatur, wie der bekannte Kloß im Hals,
- veränderte Gedächtnis- und Wahrnehmungsfunktionen.

Verhaltensmäßige Symptome

Bei Redeängstlichen kann man eine im Vergleich zu ihrem sonstigen Verhalten veränderte Reaktion beobachten:

- Es wird zu leise, monoton gesprochen.
- Es gibt Wortfindungsstörungen, häufige Versprecher oder Stocken, das Tempo ist schnell.
- Das gleichmäßige Atmen unterbleibt, so dass dann irgendwann nach Luft geschnappt wird.
- Die Anspannung in Mund und Kehle führt zu häufigem Räuspern und Schlucken.

- Es fällt schwer, Blickkontakt aufzunehmen, der Gesichtsausdruck ist unbewegt, die Augen gehen oft zur Decke (als ob von dort Hilfe käme).
- Hände und Arme sind zappelig, zittrig oder verschwinden ganz unter dem Tisch.
- Man scharrt im Sitzen mit den Füßen oder tritt beim Stehen von einem Fuß auf den andern.

Kognitive Symptome

Hierunter fällt alles, was sich vor, während und nach der Redesituation im Kopf des Sprechenden abspielt. Es sind zum einen die Befürchtungen, die er in Bezug auf die eigene Leistung hegt, zum anderen die Mutmaßungen, wie die eigene Leistung bei den Zuhörern ankommt und von ihnen bewertet wird.

Bei einem hohen Angstpegel wird die Situation nicht als herausfordernd, sondern als schwierig oder gar bedrohlich erlebt. Die eigenen Möglichkeiten, die Situation erfolgreich zu bestehen, werden als unzureichend eingeschätzt, unabhängig davon, ob sie es tatsächlich oder nur vermeintlich sind.

Nicht genug damit: Auch die negativen, unerwünschten Konsequenzen der eigenen Unzulänglichkeit werden gedanklich vorweggenommen und das Versagen und damit der »Verlust an Ansehen« antizipiert.

Die Auslöser

Welche Faktoren lösen nun die geschilderten Symptome aus?

- Da ist einmal die Fremdheit bzw. Vertrautheit mit der Situation, den Personen und dem Thema. Je fremder die Situation, die Personen, das Thema, umso größer sind Aufregung und Angst. Allerdings kann es, wenn auch seltener, umgekehrt sein: Für einige ist die Angst im vertrauten Personenkreis größer als unter Fremden, etwa weil sie das Bild, das sie von sich etabliert haben, nicht beschädigen wollen.

- Die Anzahl der Anwesenden spielt eine große Rolle, wie wir an den Beispielen gesehen haben. Was in einer Gruppe von zwei bis fünf Teilnehmern noch spielend läuft, bereitet bei 20 Personen und mehr fast unüberwindbare Probleme.
- Ein wichtiger Faktor ist der Status und die Qualifikation der Anwesenden. Was unter Kommilitonen noch gelingt, ist bei Anwesenheit von Dozenten, Professoren oftmals nicht mehr möglich.
- Dann haben wir gesehen, dass es einen Unterschied macht, ob man sich freiwillig melden kann oder ob man aufgefordert wird, etwas zu sagen.
- Ebenfalls wesentlich ist die Beherrschung des Themas. Die Beispiele zeigen, dass selbst bei guter Vorbereitung die Kontrolle über die eigenen Gedanken, das Vorbereitete verloren gehen kann. Das Risiko wächst, wenn man über das Thema nicht genug weiß.
- Schließlich ist die Bedeutsamkeit der Situation entscheidend für die Anspannung/Angst. In einer Prüfung, von der ja einiges abhängt, ist sie wiederum größer als in einem Seminar.

Ich möchte Sie jetzt bitten, einmal innezuhalten und zu notieren, welches bei Ihnen die Faktoren sind, die den Grad der Anspannung und Nervosität beeinflussen. Machen Sie dies so detailliert wie möglich. Vielleicht sind bei Ihnen zusätzliche oder andere Faktoren bestimmend. Schreiben Sie spontan auf, was Ihnen dazu einfällt, und achten Sie auf die Faktoren dann eine Woche lang in den verschiedenen Seminaren und Redesituationen.

Das Ziel ist, dass Sie für sich eine Hierarchie von Redesituationen mit steigendem Schwierigkeitsgrad erstellen, von leicht bis schwer, so dass Sie mit dem Üben in der vergleichsweise leichten Situation anfangen und allmählich stufenweise bis zur schwierigsten fortschreiten können.

Ein anderes Vorgehen wäre das so genannte »flooding«, das heißt man fängt umgekehrt mit der schwierigsten Situation an.

Wenn diese bewältigt ist, sind auch die weniger schwierigen schon mitbewältigt. Nach meinen Erfahrungen ist jedoch die zuerst skizzierte Vorgehensweise Erfolg versprechender.

Der »Teufelskreis«

Da für uns das Reden vor einem Publikum keine routinierte Alltagssituation ist, sind Aufregung, Anspannung und Nervosität zunächst einmal eine ganz normale Stressreaktion.

Der Grad der Aufregung, Anspannung, Nervosität wird individuell unterschiedlich von verschiedenen Faktoren beeinflusst und macht sich in unterschiedlichen Symptomen bemerkbar.

Je nach den Erfahrungen, die jemand bislang in Redesituationen gemacht hat, beeinträchtigen ihn oder sie diese körperlichen Reaktionen unterschiedlich stark. Man kann sie als normale Begleiterscheinungen, die zum Redebeitrag dazugehören, interpretieren und sich im weiteren Verlauf auf seinen Redebeitrag konzentrieren. Man kann sie auch als Angst interpretieren. In diesem Fall richtet sich die Aufmerksamkeit auf das Selbst, wodurch die körperlichen Reaktionen verstärkt werden, was wiederum die Angst vergrößert – ein Teufelskreis.

Verschlimmert wird das Ganze noch, weil durch die Beschäftigung mit der Angst Aufmerksamkeit und Konzentration auf den Gegenstand, auf das, was zum Thema gesagt wird, verloren gehen. Zu der subjektiv empfundenen Unsicherheit kommt jetzt noch eine objektive Unsicherheit hinzu, weil man nicht mehr alles mitbekommt. Wenn man realisiert, dass ein Teil an einem vorbeigerauscht ist, dann verstärkt auch das die körperlichen Symptome, und diese verstärken wiederum die Angst, was dazu führt, dass man noch weniger vom Inhalt erfasst – zwei Teufelskreise, ein subjektiver und ein objektiver, die sich bis zu dem bekannten Blackout aufschaukeln können.

Ansatzpunkte für Veränderung

Reden in (fremden, großen) Gruppen ist immer mit einem gewissen Maß an Anspannung verbunden. Wenn diese jedoch nicht als normale Stressreaktion auf die Situation des Redens erlebt wird, sondern als Befürchtung, der Situation nicht gewachsen zu sein, dann ist die Anspannung ein Hauptmerkmal der Redeangst.

Untersuchungen, in denen Redeängstliche mit Nicht-Redeängstlichen verglichen wurden, haben gezeigt, dass beide Gruppen sich nicht in ihren körperlichen Reaktionen unterschieden, jedoch in der Interpretation derselben. Ein Nicht-Redeängstlicher sagt sich: »Ich bin jetzt aufgeregt, das ist okay, denn ich will ja auch gleich etwas Wichtiges sagen/fragen.« Beim Redeängstlichen hingegen ist der innere Dialog von Befürchtungen geprägt, den Erwartungen nicht zu genügen und sich in der einen oder anderen Weise zu blamieren.

Das zweite Hauptmerkmal der Redeangst sind also die Befürchtungen, in einer exponierten Situation zu versagen.

Damit haben wir die beiden Ansatzpunkte für Veränderung: Wir setzen einmal bei der Anspannung an, die man mit gezielten Entspannungsübungen vermindern kann, zum andern bei den Selbstwert bedrohenden Befürchtungen, die sich in realitätsangemessene Selbstaussagen umformulieren lassen. Bei intensiver Praxis entsteht im Laufe der Zeit eine veränderte innere Haltung und Einstellung zu Herausforderungen wie Redebeiträgen und Referaten.

Wie Sie das im Einzelnen erreichen können, zeigen Ihnen die beiden folgenden Kapitel. Damit sollte auch deutlich geworden sein, dass es nicht darum geht, erst einmal die Angst zu unterdrücken oder loszuwerden und dann zu reden, sondern das Ziel ist, mitsamt der Angst zu reden und sie mittels Übung und Erfahrung allmählich abzubauen.

3.

Entspannungstraining
Die Aufregung dämpfen

Wie es funktioniert

Entspannung ist ein Mittel zur Reduzierung von Anspannung; denn Anspannung und Entspannung sind antagonistisch, das heißt, sie können nicht gleichzeitig nebeneinander auftreten.

Als erster hat Jacobson (1938) folgenden Zusammenhang festgestellt: Bei seinen Untersuchungen beobachtete er, dass jedesmal, wenn jemand von Angst berichtete, eine durch Muskelkontraktion bedingte Spannung bei der betreffenden Person festzustellen war und dass die Angst durch eine Behebung der Spannung deutlich nachließ oder sogar gänzlich beseitigt werden konnte. Entspannung bewirkt demnach eine Hemmung der physiologischen Reaktionen, also der Anspannung, die ihrerseits ausgelöst wird durch ängstigende Vorstellungen.

Wenn es Ihnen gelingt, sich zu entspannen, können Sie sich damit Stresssituationen erleichtern. Mit anderen Worten: Wenn Sie die Erfahrung machen, dass Sie die physiologischen Reaktionen und damit einen wichtigen Anteil von Redeangst-Symptomen kontrollieren können, wird Ihnen der Umgang mit der Redeangst selbst erleichtert werden. Denn offensichtlich wird man eine Situation, in der man Redeangst empfindet, leichter überstehen, wenn wenigstens ein Teil der Begleiterscheinungen, wie beipielsweise Herzklopfen, gemäßigt werden kann.

Auch der oben beschriebene Teufelskreis kann mit Entspannung durchbrochen werden. Denn Symptome, welche die Redeangst begleiten, können ja bei vermehrter Selbstaufmerksamkeit ihrerseits die Redeangst noch verstärken. Konzentration auf das Herzklopfen macht also noch mehr Herzklopfen, und das verstärkt wiederum die Angst. Diese negative Rückkopplung wird gebremst in dem Maße, in dem Entspannung erfolgt.

Damit Sie in der Lage sind, in Stresssituationen Entspannung zu erreichen, müssen Sie diese sehr gut beherrschen und vorher intensiv geübt haben. Im Prinzip sollten Sie so weit kommen, dass sich Entspannung einstellt – nahezu automatisch –, wenn Sie sich nur einen Stimulus aus dem gesamten Ablauf vergegenwärtigen, wenn Sie zum Beispiel bewußt auf die Atmung achten und einmal tief durchatmen.

Es gibt verschiedene Entspannungsmethoden. Ich habe in meinen Redetrainings mit der Progressiven Muskelentspannung nach Jacobson gearbeitet. Wenn Sie bereits eine andere Entspannungstechnik erlernt haben und damit gut klarkommen – etwa Autogenes Training oder Yoga –, können Sie damit weiter arbeiten und diese vertiefen.

Untersuchungen zufolge ist das Entspannungstraining signifikant wirksamer, wenn es von einem Therapeuten dargeboten wird und nicht nur über ein Tonband läuft. Ich möchte Ihnen deshalb raten, sich bei Ihrer Krankenkasse oder bei der Volkshochschule nach einem solchen Kurs zu erkundigen. Möglicherweise gehört er auch zum Angebot der Psychologischen Beratung Ihrer Hochschule.

Wie man es macht

Damit Sie eine Vorstellung davon bekommen, was sich hinter dem Entspannungstraining verbirgt, stelle ich Ihnen eine Kurzversion vor, so wie ich sie bei den Redetrainings zum Wiederholen und Vertiefen für die Übungen zu Hause ausgebe.

Grundsätzlich lernt man bei der Progressiven Muskelentspannung, alle Muskeln des Körpers in bestimmter Reihenfolge anzuspannen und zu lockern und gleichzeitig sehr aufmerksam und sorgfältig die Empfindungen, die bei Anspannung und Entspannung auftreten, wahrzunehmen.

Entspannung ist eine Fähigkeit, die durch Üben gelernt wird. Für das erfolgreiche Erlernen der Entspannung kommt es lediglich darauf an,

- sich für die Dauer der Übung auf die Muskeln Ihres Körpers zu konzentrieren,
- systematisch bestimmte Muskeln/Muskelgruppen anzuspannen und zu lockern und auf den Unterschied in Ihren Empfindungen zu achten,
- *regelmäßig* zu üben.

Beim Üben sollten Sie folgende Hinweise beachten:

- Trainieren Sie jeden Tag zweimal zirka 10 bis 15 Minuten, wobei zwischen den beiden täglichen Sitzungen ein Abstand von mindestens drei Stunden liegen sollte. Sie sollten es sich so einrichten, dass Sie nicht unter Zeitdruck stehen, also beispielsweise nicht kurz vor einem Termin trainieren, damit Sie Ihre ganze Aufmerksamkeit auf die Übung konzentrieren können.
- Setzen Sie sich dabei in einen bequemen Sessel, der den Körper voll stützt, so dass keine Muskeln für die Körperhaltung eingesetzt werden müssen. Zum einen würde das die Konzentration von dem Anspannungs-Entspannungsvorgang ablenken, zum anderen können stützende Muskeln nicht entspannt werden.
- Versuchen Sie, das Zimmer möglichst lärmfrei zu halten und alle von außen kommenden Störungen zu unterbinden.
- Überhaupt sollten Sie sich eine angenehme Atmosphäre schaffen (gedämpftes Licht, eventuell Vorhänge zuziehen, gute Durchlüftung, angenehme Raumtemperatur).
- Tragen Sie bequeme, locker sitzende Kleidung. Es kann auch hilfreich sein, während der Übung die Brille oder die Uhr abzunehmen und die Schuhe auszuziehen, um größtmögliche Bewegungsfreiheit zu haben und um jede äußere Ablenkung zu vermeiden.

- Halten Sie die Augen während der ganzen Sitzung geschlossen.

Die Reihenfolge, in der die Muskelgruppen durchgegangen werden:

1. Hände und Unterarme,
2. Oberarme,
3. Gesicht,
4. Nacken und Rücken,
5. Atmung,
6. Bauch,
7. Gesäß, Oberschenkel, Waden und Füße.

Halten Sie sich bei den Übungen immer an diese Reihenfolge.
Alle Übungsschritte verlaufen nach dem gleichen Grundprinzip: Anspannung – Entspannung – Kontrastempfindung.

- Sie konzentrieren sich auf die zu entspannende Muskelgruppe.
- Dann spannen Sie die Muskelgruppe an.
- Die Spannung sollte drei bis fünf Sekunden dauern.
- Dann wird die Muskelgruppe gelockert, und zwar sollten Sie sie sofort und völlig lockern, die Spannung nicht allmählich verschwinden lassen. Für die Hand etwa heißt das, sie nicht nach und nach zu öffnen, sondern alle Spannung gleichzeitig herauszulassen.
  Auch während des Lockerns sollen Sie sich auf die Muskelgruppe konzentrieren und dem Unterschied zwischen Anspannung und Entspannung nachspüren.
- Sie lassen 30 bis 40 Entspannungssekunden vergehen, bevor Sie zur nächsten Muskelgruppe weitergehen.

Ich möchte Sie bitten, die nachfolgende Instruktion erst zu lesen und danach zu rekapitulieren. Im Anschluss daran führen Sie die Übung ohne weitere Lektüre durch – das Lesen während der Übung würde den Entspannungsprozess beeinträchtigen.
Ein letzter ›technischer‹ Hinweis: Die Anspannung der jeweiligen Muskelpartien sollte etwa drei bis fünf Sekunden dauern.

Versuchen Sie aber *nicht*, diese Zeitspanne *genau* einzuhalten (durch Schauen auf eine Uhr, innerliches Abzählen oder dergleichen), sondern richten Sie sich allein nach Ihrem subjektiven Zeitempfinden.

Es kann hilfreich sein, wenn Sie die Instruktion mit den richtigen Zeitintervallen auf ein Tonband sprechen oder von einer Person, deren Stimme Sie gern hören, sprechen lassen. Das kann unter Umständen die Motivation des täglichen Übens fördern.

Konzentrieren Sie sich zunächst auf die zu entspannenden Muskeln, vergegenwärtigen Sie sich, was zu tun ist, oder hören Sie es sich vom Tonband an.

›Jetzt‹ ist dann das Signal für Anspannung (drei bis fünf Sek.) und ›Nun lockern‹ oder ›Gut, entspannen‹ dasjenige für Entspannung und Nachspüren (30 bis 40 Sek.) zwischen den einzelnen Muskelgruppen.

Die Instruktion für die Übungen zu Hause

Setzen Sie sich in Ihrem Sessel ganz bequem zurecht, legen Sie die Hände auf die Oberschenkel, schließen Sie die Augen.

Hand- und Unterarmmuskulatur

Konzentrieren Sie sich ganz auf die Muskeln Ihrer rechten Hand und dann Ihres rechten Unterarms. Um die Muskeln der rechten Hand und des rechten Unterarms anzuspannen, machen Sie eine feste Faust. *Jetzt.* (3-5 Sek.)

Fühlen Sie das Ziehen der Muskeln, achten Sie darauf, wie diese Spannung sich anfühlt.

Nun lockern Sie die Finger Ihrer rechten Hand, und achten Sie auf den Unterschied in Ihren Empfindungen.

Machen Sie dasselbe mit der linken Faust. *Jetzt.*

Sie sollten die Spannung in der linken Hand spüren, die über die Knöchel in den linken Unterarm hinaufzieht.

Gut, lockern Sie die Finger Ihrer linken Hand, lassen Sie alle Spannung heraus, fühlen Sie, wie es ist, wenn sich die Muskeln immer mehr entspannen. (30-40 Sek.)

Oberarmmuskulatur

Konzentrieren Sie sich jetzt auf Ihre Oberarmmuskeln. Um die Muskeln Ihrer Oberarme anzuspannen, drücken Sie beide Ellbogen nach unten (gegebenenfalls auf die Armlehne). *Jetzt.*

Sie sollten in diesen Muskeln eine Spannung spüren, ohne die Muskeln des Unterarms und der Hand noch einmal anzuspannen.

Gut, lockern Sie Ihre Oberarme, lassen Sie sie locker sinken, und nehmen Sie das angenehme Gefühl der Entspannung wahr.

Gesichtsmuskulatur

Konzentrieren Sie sich jetzt auf Ihr Gesicht, entspannen Sie es, so gut es geht.
Legen Sie Ihre Stirn in Falten. *Jetzt.*
Und nun glätten Sie die Stirn und entspannen Sie sie.
Runzeln Sie Ihre Augenbrauen. *Jetzt.*
Und nun entspannen Sie sich wieder.
Kneifen Sie Ihre Augen ganz fest zu. *Jetzt.*
Und nun entspannen Sie die Augen.
Pressen Sie die Lippen aufeinander,
beißen Sie die Zähne zusammen. *Jetzt.*
Und nun entspannen Sie die Kiefer.

Pressen Sie die Zunge fest gegen Ihren Gaumen. *Jetzt.*
Und nun lassen Sie die Zunge in eine bequeme, entspannte Lage zurückgleiten.
Spitzen Sie Ihre Lippen. *Jetzt.*
Und nun entspannen Sie die Lippen.
Achten Sie auf das angenehme Gefühl, wenn sich die Muskeln mehr und mehr entspannen.

Nacken- und Rückenmuskulatur

Konzentrieren Sie sich nun auf Ihre Nackenmuskeln.
Drücken Sie den Kopf nach hinten, so weit es geht. *Jetzt.*
Rollen Sie den Kopf auf die rechte Seite. *Jetzt.*
Rollen Sie den Kopf auf die linke Seite. *Jetzt.*
Strecken Sie den Kopf nach vorn.
Ziehen Sie das Kinn auf die Brust (ohne die Brust tatsächlich zu berühren). *Jetzt.*
Bringen Sie nun den Kopf in eine bequeme Lage zurück.
Versuchen Sie, die Schulterblätter sich berühren zu lassen. *Jetzt.*
Und nun lassen Sie die Schultern sinken, locker sinken.
Entspannen Sie Ihren Nacken, den Hals, die Kiefer und das ganze Gesicht. Achten Sie darauf, wie sich die Muskeln im Vergleich zu vorher anfühlen, wie die Entspannung zunimmt.

Atmung

Atmen Sie leicht und frei ein und aus.
Wenn Sie ausatmen, fühlen Sie die Entspannung.
Atmen Sie tief ein, und halten Sie den Atem an. *Jetzt.*
Und nun atmen Sie aus. Lockern Sie Ihren Brustkorb.
Genießen Sie die Entspannung.

Bauchmuskulatur

Wir wenden uns nun der Bauchmuskulatur zu. Um die Muskeln zu spannen, machen Sie die Bauchdecke ganz hart. *Jetzt.*
Und nun lockern Sie die Muskeln.
Ziehen Sie den Bauch ein. *Jetzt.*
Und nun entspannen Sie ihn wieder.
Drücken Sie Ihren Bauch heraus. *Jetzt.*
Entspannen Sie Ihren Bauch.
Bemerken Sie, wie angenehm es ist, wenn die Muskeln immer lockerer werden.
Richten Sie Ihre Aufmerksamkeit nun auf den unteren Rücken.
Krümmen Sie Ihren Rücken (machen Sie einen Katzbuckel). *Jetzt.*
Und nun setzen Sie sich wieder bequem hin.

Gesäß, Oberschenkel, Waden und Füße

Alle Muskeln, die Sie bereits entspannt haben, sind ganz locker.
Spannen Sie Ihr Gesäß und die Oberschenkel.
Spannen Sie die Oberschenkel, indem Sie die Fersen ganz fest nach unten drücken. *Jetzt.*
Und nun entspannen Sie, und beachten Sie den Unterschied.
Drücken Sie die Füße und Zehen gegen den Boden so, dass die Wadenmuskeln gespannt werden. *Jetzt.*
Entspannen Sie die Füße und die Waden.
Biegen Sie Ihre Füße einmal zum Gesicht hin. *Jetzt.*
Achten Sie auf die Spannung entlang den Schienbeinen.
Und nun entspannen Sie, sich wieder.
Entspannen Sie sich überall.

Fühlen Sie, wie schwer Ihr Körper geworden ist.
Lassen Sie die Entspannung immer tiefer werden.
Lassen Sie den ganzen Körper eine Weile so entspannt.
Wenn Sie die Entspannung beenden wollen, zählen Sie rückwärts von 4 bis 1.
Bei der Zahl 4 beginnen Sie, die Füße und Beine zu bewegen, bei der Zahl 3 Hände und Arme, bei der Zahl 2 Kopf und Hals, und bei 1 öffnen Sie die Augen.
Sie werden sich dann wohl und erfrischt fühlen,
hellwach und ruhig.
Zählen Sie langsam von 4 bis 1. *Jetzt.*

Mögliche Schwierigkeiten

Von den möglichen Schwierigkeiten, die beim Anspannungs-Entspannungsvorgang auftreten können, möchte ich auf die zwei am häufigsten genannten eingehen.

Sich aufdrängende Gedanken

Der vielleicht stärkste Störfaktor sind ablenkende, sich aufdrängende, zum Teil ängstigende Gedanken. Diese können so beherrschend sein, dass es nicht mehr gelingt, sich auf die Empfindungen von Anspannung und Entspannung zu konzentrieren.

In diesem Fall sollten Sie sich neutrale oder angenehme Ereignisse vergegenwärtigen, bei denen Sie ganz gelöst waren. Diese angenehmen Vorstellungen sollen die störende Wirkung sich aufdrängender Gedanken aufheben und es Ihnen ermöglichen, sich auf den Entspannungsvorgang zu konzentrieren.

Schläfrig sein/Einschlafen

Am Ende der Sitzung kann es vorkommen, dass Sie nicht angenehm entspannt und wach, sondern müde sind.

Die Entspannung beenden hat Ähnlichkeit mit dem Aufwachen. Man muss erst ›zu sich kommen‹, um das Angenehme des Ausgeschlafenseins, des Entspanntseins zu spüren – Voraussetzung ist aber, dass die Nacht lang war bzw. die Entspannung tief genug. Das heißt, es ist vor allem eine Schwierigkeit in der Anfangsphase und gibt sich mit entsprechender Übung.

Wenn Sie bei den Übungen zu Hause den zweiten Durchgang kurz vor dem Schlafengehen machen, kann es leicht passieren, dass Sie darüber einschlafen. Das ist nicht im Sinne des Erfinders. Also bleiben Sie wach, bis Sie die ganze Übung durchgegangen sind.

Sie können es sich erleichtern, wenn Sie den zweiten Durchgang nicht ans Ende des Tages legen.

Ergänzend wäre zu sagen, dass gelegentlich Muskelkrämpfe auftreten, am häufigsten in den Waden- und Fußmuskeln. Das ist sehr störend und kann vermieden werden, indem Sie die betroffenen Muskelgruppen weniger und für kürzere Dauer anspannen.

Ich möchte meine Empfehlung wiederholen, das Entspannungstraining unter fachkundiger Anleitung zu lernen. Es ist wichtig, dass sich bei den Übungen keine Fehler einschleichen, dass auftretende Schwierigkeiten, die bei jedem anders sein können, gemeinsam mit DozentIn oder TherapeutIn besprochen und gelöst werden können, so dass Sie voll in den Genuss einer tiefen Entspannung kommen.

Vergessen Sie nicht, dass es ein Lernprozess ist: Sie stellen erst einmal fest, wo es in Ihrem Körper überall Spannung geben kann. Diese dann zu lösen, wird Ihnen zunächst mehr oder weniger gut gelingen. Sie merken aber, wie Sie mit jeder Übung besser werden.

Vielleicht motiviert es Sie zu hören, dass es in den Redetrainings denjenigen Teilnehmern, die Entspannung konsequent üben, tatsächlich gelingt, sich in Stresssituationen zu beruhigen. Allerdings ist nur ein Teil der Gruppe diszipliniert genug. Andere sehen zwar die Vorteile, nehmen sich aber nicht die Zeit zum Üben, während wieder andere innere Widerstände haben, die dann gesondert bearbeitet werden müssen.

4.

Rational-Emotive-Therapie
»Schrottgedanken« entlarven

Wir kommen nun zum zweiten Ansatzpunkt der Angstbewältigung, dem Umgang mit Selbstwert bedrohenden Befürchtungen. Ein Satz des Stoikers Epiktet bringt den Grundgedanken dieses Ansatzpunktes prägnant zum Ausdruck: »Nicht die Dinge selbst beunruhigen die Menschen, sondern die Vorstellungen von den Dingen.«

Was wir tun, hängt meistens davon ab, was wir in einer bestimmten Situation denken und fühlen. Gedanken, die wir zu bestimmten Dingen oder Situationen haben, verursachen Gefühle, die ihrerseits wieder unser Handeln beeinflussen. Wenn unsere Gedanken und Ideen auf falschen Annahmen oder falschen Überzeugungen beruhen, dann können die Gefühle und Handlungen, die sie auslösen, Schwierigkeiten und Probleme bereiten. Wenn sich dieses unrealistische Denken oft wiederholt, dann wird es schnell zur Gewohnheit; auf Dauer hemmen und unterminieren die daraus folgenden Gefühle und Handlungen das Selbstbewusstsein.

Ziel des rationalen Denkens ist es, Menschen dazu anzuleiten, Unrichtigkeiten und Ungenauigkeiten in ihrem Denken aufzuspüren, diese zu prüfen und durch vernünftige oder rationale Gedanken zu ersetzen und dann sich selbst und ihre Umwelt realistischer zu sehen.

Darum geht es auch beim Reden: Denn es ist nicht der Redebeitrag selbst, durch den Sie sich nervös und ängstlich fühlen, sondern es ist Ihre Meinung bzw. Idee über Ihren Redebeitrag. Je extremer Ihr Standpunkt über ein Ereignis ist, etwa »ich darf mich auf gar keinen Fall blamieren«, desto heftiger ist auch Ihr Gefühl, bis zu Panik.

Wenn Sie dagegen denken, »ich mache es so gut ich kann«, und sich nicht gram sind, sollte Ihnen ein Fehler unterlaufen, dann sind Sie weit entfernt von Panik.

Der amerikanische Psychologe Ellis hat aufgrund solcher Überlegungen die Rational-Emotive-Therapie (RET) entwickelt, die ich Ihnen jetzt kurz vorstelle.

Das »ABC-Modell«

Die RET geht von einem so genannten ABC-Modell menschlichen Verhaltens aus. Vereinfacht dargestellt bedeutet das: Situationen bzw. Ereignisse (**A** = *activating events*) aktivieren bestimmte bewusste oder unbewusste Bewertungsmuster (**B** = *belief systems*). Diese Bewertungen (**B**) wiederum haben Einfluss auf emotionale, physiologische, verhaltensmäßige Konsequenzen (**C** = *consequences*). Werden diese Konsequenzen als belastend oder behindernd erlebt, geht die ABC-Theorie davon aus, dass die Bewertung (**B**) unangemessen, negativ, unrealistisch und nicht zielführend ist.

Übersetzt man den Satz des Epiktet frei in die RET-Sprache, dann lautet er wie folgt:

Nicht die Dinge selbst (**A** = auslösende Ereignisse) beunruhigen die Menschen (**C** = emotionale Konsequenzen), sondern ihre Vorstellungen (**B** = Bewertungsmuster) von den Dingen (**A**) führen zu Beunruhigung (**C**).

Beispiel:

Sie sind in einem Seminar (**A**) und möchten etwas sagen.
Sie haben Angst (**C** emotional),
da ist das Herzklopfen, der Kloß im Hals (**C** physiologisch),

und Sie kriegen den Mund nicht auf (**C** verhaltensmäßig). Aber **A** ist nicht der Auslöser für **C**, sondern für bestimmte Gedanken, Vorstellungen, Erinnerungen, Bewertungen, und erst dieses **B** produziert oder ist mitverantwortlich für **C**.

Wenn Sie also in einem Seminar sind (**A**) und etwas sagen möchten und in Ihrem Kopf Gedanken durcheinander schwirren wie

(**B**) – ich werde rot,
  – meine Stimme zittert,
  – die anderen kriegen meine Unsicherheit mit,
  – ich werde stottern, keinen vollständigen Satz rausbringen,
  – es ist so banal, was ich zu sagen habe, ich muss etwas Tolles sagen,
  – die anderen werden mich kritisieren,
  – ich werde mich bis auf die Knochen blamieren,

dann könnten Sie sich auch sagen: »Na und?«, und es gäbe kein Herzklopfen, keine Schweißausbrüche.

Es kommt noch etwas hinzu: Wenn das unter B Aufgeführte passiert, wird es als entsetzlich, schrecklich, schlimm, peinlich bewertet. Es darf nicht sein!

Die Konsequenz ist Angst und Schweigen (**C**).

Es ist die Bewertung, die als Konsequenz Angst und Schweigen auf den Plan ruft.

Nun könnten Sie sich sagen: »Dann schweige ich eben.«

Aber das Problem ist nicht vom Tisch, denn es gibt ein Danach, und da lösen die Angst und Ihr Schweigen (**A**) ihrerseits negative, belastende Gefühle aus, zum Beispiel Ärger, Wut, Unzufriedenheit (**C**), weil Sie sich vorwerfen,

B – ich hätte mich nicht drücken sollen,
  – ich werde es nie schaffen,
  – so gut wie X hätte ich es auch sagen können.

In der Seminar-Situation (**1. ABC**) sagen Sie sich: Weil all das passieren könnte und es entsetzlich peinlich wäre, kann ich nichts sagen, schweige ich.

Danach, wenn das Seminar vorüber ist (**2. ABC**), verlangen Sie von sich: »ich hätte etwas sagen sollen« – das ist ein Widerspruch. Nun haben Sie zwei Probleme: die *Angst* und den *Ärger*.

An dieser Stelle frage ich Sie: Was meinen Sie, welches von den beiden Problemen das gravierendere ist?

Bevor Sie weiterlesen, notieren Sie hier Ihre Antwort und die Begründung dazu.

....

....

....

....

....

Es ist das Problem mit dem Ärger. Es besagt: Sie ärgern sich, dass Sie Angst haben, denn Sie wollen die Angst nicht haben. Das Problem Ärger verhindert, dass Sie sich mit dem eigentlichen Problem Angst auseinander setzen. Statt sich mit der Angst zu beschäftigen, beschäftigen Sie sich mit dem Ärger über die Angst (sog. Symptomstress), und die Redeangst begleitet Sie unvermindert und ›unbehelligt‹ weiter.

Noch einmal zur Wiederholung: Da ist die Angst, über die Sie sich ärgern, weil Sie die Angst nicht haben wollen. Sie ist da, ob Sie sie haben wollen oder nicht. Weil Sie sie aber nicht haben wollen und sich ärgern, stecken Sie Ihre Energie in den Ärger und nicht in die Auseinandersetzung mit der Angst.

Akzeptieren

In einem ersten Schritt geht es darum zu akzeptieren, dass die Angst mit allen ihren individuellen Ausprägungen da ist. Denn erst wenn Sie zu Ihrer Angst stehen, wird es Ihnen auch möglich sein, mit beispielsweise zittriger Stimme etwas zu sagen. Dabei heißt Akzeptieren weder, dass Sie es ›gut finden‹ noch dass Sie ›resignieren‹, sondern lediglich: das, was ist – nämlich Unsicherheit – anzunehmen und nicht zu versuchen, sie zu verbergen. Die anderen dürfen mitbekommen, dass Sie unsicher sind.

Aufgabe

Es gibt in Ihrem Umfeld bestimmt die eine oder andere Person, vor der Sie Ihre Redeangst bislang streng geheim gehalten haben.

Gehen Sie zu ihr und teilen Sie ihr mit, dass Sie Redeangst haben. Notieren Sie die Reaktionen auf diese Mitteilung, und lesen Sie erst dann weiter.

....

....

....

....

....

....

Die befürchteten Aburteilungen bleiben aus. In der Regel wird man Ihnen mit Verständnis begegnen, und nicht selten werden Sie zu hören bekommen, dass Ihrem Gegenüber dieses Problem auch nicht fremd ist.

Das Akzeptieren, das heißt Ihre Bereitschaft, sich mitsamt Ihrer Unsicherheit und Angst in Seminaren und anderswo zu präsentieren, ist eine wesentliche Voraussetzung, um sich Ihrem Ziel, in Gruppen zu reden, anzunähern.

Die rationale Selbstanalyse (RSA)

In einem zweiten Schritt nehmen wir die beängstigenden Gedanken, Phantasien, Einstellungen unter die Lupe. Dabei helfen die folgenden drei Fragen:

1. Ist das, was ich denke, wahr?
   (Entspricht mein Gedanke der Wirklichkeit, ist er realistisch?)
2. Ist das, was ich denke, hilfreich für mein Ziel?
   (Führt mein Gedanke zu dem gewünschten Ziel, hilft er, das Ziel zu erreichen?)
3. Fühle ich mich gut, wenn ich so denke?
   (Ist mein Gedanke geeignet, unerwünschte Gefühle zu vermeiden?)

Zum Teil wird vorgeschlagen, noch eine 4. Frage zu stellen:

Hilft der Gedanke, unerwünschte Konflikte mit anderen Menschen zu vermeiden?

Beispiel: Ich sage nichts, weil ich denke, »die anderen werden mich fertigmachen.« Wenn ich darauf angesprochen werde, warum ich wieder nichts gesagt habe, und ich den anderen meine Befürchtung mitteile, dann können sie mir diese übel nehmen.

Diese weitere Frage ist vor allem bei Partnerschafts- und interpersonellen Konflikten von Bedeutung. Im Zusammenhang mit Redeangst spielt sie nur mittelbar eine Rolle, daher werde ich im Folgenden nicht näher auf sie eingehen.

Anhand der drei Fragen kann zum Beispiel der Gedanke, »ich werde stottern, keinen vollständigen Satz rausbringen«, folgendermaßen analysiert werden:

Zu 1. Es kann sein, dass ich stottere, keinen vollständigen Satz rausbringe; es kann aber auch nicht sein. So absolut, wie ich es denke, stimmt es nicht.

Zu 2. Wenn ich einen Beitrag leisten will, ist es nicht hilfreich zu denken, »ich werde stottern, keinen vollständigen Satz rausbringen«. Damit mache ich mich nur nervös.

Zu 3. Ich fühle mich nicht gut, wenn ich mir vorstelle, dass ich stottere, keinen vollständigen Satz rausbringe.

Wenn bei der Analyse herauskommt, dass das, was Sie denken, weder wahr noch hilfreich für die Zielerreichung ist, und dass Sie sich nicht gut damit fühlen, dann sind Sie einem irrationalen oder auch ›Schrottgedanken‹ auf die Spur gekommen. Sie könnten sich statt dessen besser sagen, »mal sehen, wie es läuft«, und ein tatsächliches Stottern nicht als die große Katastrophe ansehen, sondern eher im Sinne von »kann vorkommen‹.

Aufgepasst: Das hört sich leichter an, als es getan ist. Die irrationalen selbstschädigenden Gedanken, die Sie schon geraume Zeit in sich tragen, sind hartnäckig wie wildes Gestrüpp, der rationale Gedanke ist dagegen ein zartes Pflänzchen. Sie müssen es hegen, damit es wächst, andernfalls wird es von dem Gestrüpp schnell wieder überwuchert. In dem Maße, indem es aber stärker wird, wird dem Gestrüpp der Boden entzogen, und es verdorrt allmählich.

Oder wenn Ihnen ein anderer Vergleich besser gefällt: Sie kommen mit Ihrem Auto von Deutschland nach England und müssen von Rechts- auf Linksverkehr umschalten. In den ersten Tagen/Wochen müssen Sie höllisch aufpassen und daran denken, dass Sie in England sind, andernfalls riskieren Sie einen Unfall. Mit der Zeit gewöhnen Sie sich an die andere Fahrseite und laufen weniger Gefahr, falsch zu fahren.

Ähnlich verhält es sich mit den ›Schrottgedanken‹. Wenn Sie sich in Ihrem inneren Dialog immer wieder vorsagen, dass Sie stottern werden, dann passiert das, was man eine sich selbsterfüllende Prophezeiung nennt: Es kann gar nichts anderes geschehen, als dass Sie stottern. Mit der Analyse anhand der drei Fragen können Sie vermeiden, sich von vornherein negativ zu programmieren, und sich statt dessen positiver zu Ihrer Aufgabe einstellen. Es sollte eine liebe Gewohnheit von Ihnen werden, dass Sie beim Auftauchen unguter, Sie hemmender, behindernder Gefühle sich bewusst machen, was in Ihnen vorgeht, mit Hilfe der drei Fragen den ›Schrott‹ aufdecken und wieder

Herr bzw. Frau im eigenen Haus und handlungsfähig werden. Dieses Vorgehen nennt man kognitive Umstrukturierung.

Ganz wichtig ist es, dass Sie nicht einem Idealbild anhängen, dem Sie jetzt noch nicht entsprechen und vielleicht nie ganz entsprechen werden, sondern dass Sie sich mit Ihrem Realbild anfreunden, sich so akzeptieren, wie Sie sind, und das zum Ausgangspunkt für schrittweise Veränderung nehmen. Sie werden erstaunt sein, was Sie, so wie Sie sind, alles können, wenn Sie sich erst einmal trauen.

Oft sind es auch Riesenansprüche, die dafür sorgen, dass nichts mehr geht. Woher kommen sie? Wieso reicht es nicht, das zu äußern, was Ihnen zum Thema eingefallen ist? Wieso muss es etwas Neues, Tolles, Weiterführendes sein? Immerhin ist Ihnen etwas eingefallen, das sollten Sie nicht abwerten, sondern ernst nehmen.

Ich halte es für aufschlussreich, der Frage nachzugehen, woher diese Ansprüche in der eigenen Biographie stammen.

Aufgabe

Ich möchte Sie bitten, sich selbst in verschiedenen Situationen Ihres Uni-Alltags zu beobachten, die Gedanken zu identifizieren, die für Sie typisch sind, wenn Sie einen Redeimpuls verspüren, und sie dann zu notieren.

....

....

....

....

....

....

....

Ich bin sicher, dass die aufgeführte Liste um einiges ergänzt werden kann. Schreiben Sie alle Gedanken, so wie sie auftauchen, ungefiltert und ungeschönt, auf ein neben Ihnen liegendes Blatt, und formulieren Sie dann nach eingehender Debatte mit Hilfe der drei Fragen jeweils Ihre positive Alternative.

Es kann sein, dass Ihnen manche Gedanken lächerlich oder übertrieben vorkommen. Aber gerade solche unreflektierten Bewertungen, die einem bei genauerer Betrachtung albern erscheinen, haben einen bedeutsamen Einfluss auf unsere Gefühle und unser Handeln. Setzen Sie sich mit diesen Gedanken umso gründlicher auseinander.

Um Ihnen das Einüben in die rationale Art des Denkens zu erleichtern und Sie mit der Rationalen Selbstanalyse vertraut zu machen, möchte ich die Vorgehensweise anhand eines Beispiels noch einmal ausführlich darstellen und dazu das ABC-Modell zu einem ABCDE-Modell erweitern.

Die schon erwähnte Debatte (**D**) dient dazu, die unter **B** aufgeführten Gedanken daraufhin zu überprüfen, wie vernünftig und rational sie sind, und jeden irrationalen Gedanken durch einen rationalen zu ersetzen.

Schließlich steht Effekt (**E**) für das, was man anstrebt, wie man sich in dieser oder einer ähnlichen Situation in Zukunft fühlen will. Beispiel:

A *Auslösendes Ereignis.*
Ich sitze in einem Seminar. Bisher haben nur wenige etwas gesagt.
Mir fällt etwas zum Thema ein. Aber ich habe Angst.

B *Gedanken*
1. Mein Beitrag ist banal.
2. Die anderen werden mich dann für dumm halten.
3. Es ist schrecklich, so im Mittelpunkt zu stehen, und alle schauen mich an.

4. Sie werden mich kritisieren und mich fertig machen.

C *Gefühle*
ängstlich und angespannt.

Die Debatte der Gedanken mit Hilfe der drei Fragen könnte etwa so aussehen:

A siehe oben

B *Gedanken*

B1 *Mein Beitrag ist banal.*

D *Debatte*
Ist der Gedanke wahr?
Antwort: Nein.
Ob mein Beitrag banal ist oder nicht, wird sich erst herausstellen.
Er ist vielmehr vorgeschoben, um nicht den Mund aufzumachen.

Ist der Gedanke hilfreich?
Antwort: Nein.
Der Gedanke »Mein Beitrag ist banal« hilft mir bestimmt nicht, in der Gruppe zu sprechen; im Gegenteil: durch ihn werde ich daran gehindert.

Fühle ich mich gut, wenn ich so denke?
Antwort: Nein.
Wenn ich denke »Mein Beitrag ist banal«, während ich doch etwas mir Wichtiges sagen will, dann widerspreche ich mir

selbst, bin angespannt und hindere mich daran, etwas ruhig zu sagen.

B2 *Die anderen werden mich dann für dumm halten.*

Ist der Gedanke wahr?
Antwort: Nein.
Ich weiß nicht, was sie denken werden, denn ich bin kein Gedankenleser.

Ist der Gedanke hilfreich?
Antwort: Nein.
Wenn ich glaube, dass sie mich für dumm halten, dann mache ich es mir selbst schwer, noch etwas ruhig und ohne Aufregung zu sagen. Anstatt darüber zu grübeln, was sie denken, sollte ich mich besser auf das konzentrieren, was ich sagen will.

Fühle ich mich gut, wenn ich so denke?
Antwort: Nein.
Wenn mir etwas zum Thema einfällt und ich gleichzeitig Angst habe, für dumm gehalten zu werden, wenn ich es äußere, erzeuge ich bei mir eine Spannung und verhindere, dass ich ruhig etwas sagen kann.

B3 *Es ist schrecklich, so im Mittelpunkt zu stehen, und alle schauen mich an.*

Ist der Gedanke wahr?
Antwort: Nein.
Etwas zu sagen bedeutet noch nicht, im Mittelpunkt zu stehen. Der Grund, dass ich Schwierigkeiten damit habe, wenn Menschen mich anschauen, ist wahrscheinlich der, dass ich immer befürchte, andere beurteilten mich negativ (und das ist nicht realistisch, weil ich nicht weiß, was sich in den Köpfen der anderen abspielt).

Ist der Gedanke hilfreich?
Antwort: Nein.
Wenn ich so denke, werde ich nichts sagen, um so zu vermeiden, dass andere mich anschauen.

Fühle ich mich gut, wenn ich so denke?
Antwort: Nein.
Wenn ich diesen Gedanken habe, mache ich mich selbst nervös – nicht nur in dem Augenblick, wenn ich etwas sagen will, sondern sogar schon im vorhinein.

B4 *Sie werden mich kritisieren und mich fertig machen.*

Ist der Gedanke wahr?
Antwort: Nein.
Zunächst weiß ich überhaupt nicht, ob sie mich

kritisieren werden. Selbst wenn einige oder vielleicht sogar alle in der Gruppe mich kritisieren (was sehr unwahrscheinlich ist), ist es bestimmt nicht so, dass ich am Ende total fertig sein werde. Ich werde mich elend fühlen, aber körperlich unversehrt bleiben. Es gibt aber auch die Möglichkeit, dass es nicht so verläuft.

Ist der Gedanke hilfreich?
Antwort: Nein.
Wenn ich einen solchen Gedanken habe, dann helfe ich mir bestimmt nicht, ruhig in der Gruppe etwas sagen zu können; im Gegenteil, ich beschäftige mich mehr mit den Reaktionen der anderen als mit dem, was ich sagen will.

Fühle ich mich gut, wenn ich so denke?
Antwort: Nein.
Wenn ich von vornherein mit Kritik an meinen Äußerungen rechne, dann mache ich mich selbst sehr angespannt und unsicher, schon bevor ich etwas sage und auch beim Sprechen

selbst. Das kann bewir-
ken, dass ich mich weniger
gut ausdrücke, und da-
durch wird die Möglich-
keit größer, dass man mich
kritisiert.

Die Debatte der Gedanken **B1** bis **B4** mit Hilfe der drei Kriterien des rationalen Denkens (wahr, hilfreich, gut fühlen), hat zum Ergebnis, dass die Antworten auf die Fragen zu jedem der Gedanken negativ ausfallen, dass es also irrationale Gedanken sind. Im Beispiel sind in den Antworten zu jedem Kriterium für rationales Denken bereits Erläuterungen enthalten, warum der betreffende Gedanke diesem Kriterium nicht entspricht. Diese Überlegungen können genutzt werden, um für jeden selbstschädigenden Gedanken eine neue konstruktive Alternative zu formulieren.

Im Beispiel sieht das für **B4** so aus:

Irrationaler Gedanke
Sie werden mich kritisieren und mich fertig machen.

Rationale Alternative
Ich weiß nicht, wie sie reagieren werden. Wenn sie mich kritisieren, heißt das nicht, dass sie mich fertig machen. Ich bin der/dieselbe wie vorher. Wenn ich das Ziel habe, einen Beitrag in der Gruppe zu leisten, und zwar möglichst ruhig, dann helfe ich mir bestimmt nicht durch diesen Gedanken. Denn dann bin ich mehr mit ihren Reaktionen beschäftigt als

mit dem, was ich sagen will. Ich mache mich selbst dadurch nervös, dass ich mich sorge, mein Beitrag sei nicht gut.

Kurz: Wie mein Beitrag ankommt, kann ich erst sagen, wenn ich ihn geleistet habe.

C *Gefühle*	**E** *Effekt, erwünschte Gefühle*
ängstlich, angespannt.	zuversichtlicher sein, wenn ich rede.

Versuchen Sie nun selbst, für die Gedanken B1 bis B3 die rationale Alternative zu formulieren, und zwar so, wie Sie es gerade für B4 gelesen haben. Sie werden leicht nachvollziehen können, dass sich – rational gedacht – die erwünschten Gefühle einstellen.

Irrationaler Gedanke	*Rationale Alternative*
B1 Mein Beitrag ist banal.	
B2 Die andern werden mich dann für dumm halten.	
B3 Es ist schrecklich, so im Mittelpunkt zu stehen, und alle schauen mich an.	

Noch einmal zusammengefasst: Starke unerwünschte Gefühle (**C**) als Reaktion auf einen Auslöser (**A**) signalisieren mit großer Wahrscheinlichkeit, dass Sie auf Ihre Bewertungsmuster (**B**) aufpassen müssen. Sie können Ihre Aufregung, Anspannung, Nervosität als Signal dafür nehmen, dass in Ihnen ein bis jetzt vermutlich noch unentdeckter ›Schrottgedanke‹ herumgeistert und schleunigst debattiert und rational umformuliert gehört.

Es braucht Zeit und ständiges Üben, damit lange praktizierte Gewohnheiten, emotional zu reagieren und sich zu verhalten, verändert werden. Sie können Ihr Denken leichter verändern als Ihre Gefühle. Deshalb werden Sie am Anfang auch bemerken, dass Sie zwar rational denken, die alten unangenehmen Gefühle aber immer noch da sind. Das wird sich ändern, wenn Sie lange genug geübt haben, rational zu denken und zu handeln, um dann auch die entsprechenden Gefühle zu haben.

Es ist mir wichtig, darauf hinzuweisen, dass Einsicht allein nichts bewirkt. Nur wenn der Einsicht auch ein anderes Verhalten folgt (beispielsweise mit Angst etwas zu sagen, statt zu schweigen), kommt es langfristig zu einer Veränderung. Notwendig ist also die Kombination von drei Faktoren: Einsicht + anderes Verhalten + langfristige Übung.

Und denken Sie daran: Sich selbst ändern ist schwierig.

Aber es ist nur schwierig – nicht unmöglich!

Vergewissern Sie sich jetzt noch einmal, ob Sie vollständig akzeptiert haben, dass Sie nicht der coole Redner bzw. die coole Rednerin sind. Dann werden Sie bei sich die Bereitschaft entdecken, sich trotz Ihrer Unsicherheit und Ihren Unzulänglichkeiten mit Fragen und Diskussionsbeiträgen in die Öffentlichkeit zu wagen. Das ist jetzt schon die Überleitung zu den Redeübungen. Bevor Sie aber zum nächsten Kapitel weitergehen, möchte ich anregen, dass Sie das, was Sie über RET, Akzeptieren, RSA gelesen haben, erst noch einmal durcharbeiten und vertiefen, um es dann in der Praxis anzuwenden.

Zusätzliche Methoden

1. Mentales Training – Vorstellungsübungen

Wir haben gesehen, wie Sie mit Horrorphantasien bestimmte Rede- oder Vortragssituationen zu schier unüberwindbaren Problemen aufschaukeln können. Nun kann man auf den nahe liegenden Gedanken kommen, dass das, was in die Versagensrichtung möglich ist, auch in die Erfolgsrichtung möglich sein müsste. Merkwürdigerweise beherrschen die meisten Menschen die Negativ-Indoktrination aus dem Effeff, wohingegen sie die Möglichkeiten der positiven Selbstbeeinflussung nur begrenzt nutzen.

Beim mentalen Training üben Sie in Ihrer Phantasie, wie Sie sich künftig in einer bestimmten Situation verhalten wollen. Dazu stellen Sie sich die Situation in Einzelheiten vor, stimmen sich positiv darauf ein und überlegen, wie Sie mit erwarteten Schwierigkeiten umgehen wollen. Wenn diese dann tatsächlich eintreten, sind Sie in der Lage zu handeln.

Wenn Sie zum Beispiel in der Diskussion zu Ihrem Referat eine Frage nicht beantworten können, ist das kein Weltuntergang: Sie haben die Möglichkeit, sie an die Gruppe weiterzugeben, vielleicht kann sie jemand von den Teilnehmern beantworten, und es geht weiter. Andernfalls sagen Sie, dass Sie nachschauen und in der nächsten Sitzung die Antwort liefern werden. Auch dann wird es weitergehen.

Oder wenn Sie Kritik zu Ihrem Beitrag erwarten, dann können Sie sich ausmalen, dass Sie diese erst einmal ruhig anhören, dass Sie berechtigte Kritik annehmen und aus ihr lernen und unsachliche Kritik zurückweisen. Und denken Sie daran, dass Meinung neben Meinung stehen bleiben kann, dass es zwar angenehm ist, wenn man übereinstimmt, dass es aber keine Übereinstimmung geben muss.

2. Gedankenstopp

Diese Methode ist bekannt aus der Verhaltenstherapie (Wolpe, 1958). Sich ständig wiederholende selbstabwertende Gedanken, die Angst auslösend und unproduktiv sind, werden durch ein artikuliertes »Stopp!« unterbrochen und dadurch in ihrem Wiederauftreten gehemmt.

Wenn Sie beispielsweise den Gedanken, »Ich darf keinen Fehler machen, sonst bin ich blamiert«, stoppen, dann ist seine Angst auslösende Wirkung beseitigt. Sie können dann noch ein Übriges tun und diesen durch ein subvocales (innerlich gesprochenes) »Stopp!« unterbrochenen Gedanken durch Selbstverstärkungen ersetzen, etwa im Sinne von: »Auch bei guter Vorbereitung kann ich nicht ausschließen, dass mir ein Fehler unterläuft. Wenn das passiert, ist es unangenehm, aber nicht schlimm. Indem ich dem Fehler auf den Grund gehe, lerne ich dazu.«

Es ist schon erstaunlich und manchmal ergreifend, was für ein absolut negatives Image so ein einzelner Fehler haben kann.

Vermutlich rührt es daher, dass in den ersten Schulheften, bei Diktaten und Rechenarbeiten, die Fehler rot markiert wurden, und wenn es im Heft von Rot wimmelte, sahen auch Vater oder Mutter, oder sogar beide, rot. Das bleibt hängen. Dabei gehört ein Fehler zum Lernen genauso dazu wie das Üben.

Sie könnten es also künftig auch so sehen: Anstatt sich den Fehler anzukreiden, nehmen Sie ihn an, denn Sie haben durch ihn gelernt, wie es richtig ist. Auf die kurze Formel gebracht: Ohne Fehler keine Fortschritte.

Üben Sie sich darin,

1. Katastrophengedanken nicht mehr zuzulassen/zu verbannen, weil ja auch das Wenigste, von dem wir annehmen, dass es eine Katastrophe sei, tatsächlich eine ist;
2. sich mit Selbstvorwürfen zu verschonen, weil sie rein gar nichts nützen; es ist so, wie es ist, und hier ist wieder Akzeptieren gefragt;
3. wegen eines nicht ganz geglückten oder auch schief gegangenen Ereignisses nicht im Rundumschlag Selbstabwertung zu

betreiben, weil das, was Sie ausmacht, nicht ein großes Minus ist, sondern viele kleine Plusse und Minusse. Begehen Sie nicht den schweren Irrtum, ein Ereignis für das Ganze zu nehmen, während dieses eine unglückselige Ereignis nur eins unter vielen positiven und negativen Merkmalen ist, die Sie als Person ausmachen;

4. überhöhte Ansprüche an die eigene Leistung zu drosseln, weil es gnadenlos ist, von sich immer nur Höchstleistungen zu verlangen, und weil es sich mit den Leistungen verhält wie mit dem Wetter: mal schön, mal mittelmäßig, mal schlecht;

5. Kritik und Ablehnung nicht so sehr zu fürchten, weil die Kritik ebenso wie der Fehler ein hilfreiches Element für die eigene Entwicklung ist, und die Verknüpfung Kritik = Ablehnung im eigenen Kopf passiert: Sie selbst und nicht die anderen sind es, der/die sich dafür ablehnt, dass nicht alles rund und unanfechtbar war.

Sie können feststellen, mit welchen der fünf Denkmuster Sie sich am meisten drangsalieren und das Leben/Studieren schwer machen, und Sie sind nun hoffentlich ausreichend überzeugt, dass es sich lohnt, sich davon zu befreien.

3. Paradoxe Intention

Die Methode der paradoxen Intention geht auf den Wiener Psychiater Frankl (1968) zurück. Der grundlegende Gedanke ist, dass viele psychische Probleme durch den Mechanismus der Erwartungsangst entstehen und aufrecht erhalten werden. Die Angst vor dem Auftreten eines Symptoms führt meist dazu, dass das Befürchtete tatsächlich eintritt. Hier ist eine sich selbst erfüllende Prophezeiung am Werk – auch eine Art Teufelskreis.

Außerdem hat Frankl beobachtet, dass spontan ablaufende Vorgänge verhindert werden, wenn man sie absichtlich herbeiführen will. Dem folgte die Überlegung, dass man das befürchtete Symptom verhindern könnte, wenn man es sich möglichst intensiv herbeiwünscht.

Die Wirksamkeit der paradoxen Intention habe ich in meiner Beratungspraxis unter anderem an folgendem Beispiel erlebt:

Ein Jurastudent fühlt sich gerüstet für den »Freischuss« (= vorzeitiger Antritt zum Examen, dessen negativer Ausgang nicht gewertet wird). Das einzige, was ihm im Wege steht, ist sein Rotwerden beim Reden. Sobald er das registriert, hakt es in seinem Kopf aus, und er ist nur noch damit beschäftigt, wie dies zu verhindern sei.

Er bekam die Anweisung, sein Rotwerden, das ja offensichtlich nicht zu verhindern war, zu akzeptieren und sich darüber hinaus intensiv vorzunehmen, nicht nur rot, sondern knallrot zu werden.

Bereits zur zweiten Sitzung erschien er sichtlich erleichtert und berichtete von einer deutlichen Verbesserung.

Außerdem verändert sich die Qualität eines Beitrags oder einer Antwort im Prüfungsgespräch nicht mit der Gesichtsfarbe.

Sie können also mit Hilfe der paradoxen Intention den Angstmechanismus unterbrechen, indem Sie sich das, was Sie befürchten, ganz intensiv wünschen, etwa so:

- Heute werde ich mit dem Zittergras konkurrieren und denen im Seminar kräftig eins vorzittern.
- Ich will absichtlich einmal stottern und so tun, als hätte ich den Faden verloren. Dann wird sich zeigen, ob meine Kommilitonen tatsächlich so abfällig reagieren, wie ich das bisher denke.
- Beim letzten Referat habe ich schon so viel Angst gehabt. Diesmal werde ich sie noch steigern, um der Redeängstlichste unter der Sonne zu werden.

Selbstverständlich steckt in den Formulierungen ein gehöriger Schuss Übertreibung. Aber wenn es Ihnen gelingt, Ihre Angst nicht mehr ganz so ernst zu nehmen, dann sind Sie einen entscheidenden Schritt weitergekommen.

5.

Übungen zum Redeverhalten
In kleinen Schritten zum Ziel

Was jetzt noch fehlt, ist die direkte Erfahrung beim Reden. Diese ist durch nichts zu ersetzen. Je häufiger Sie sich mit Fragen, Beiträgen und schließlich Referaten beteiligen, desto vertrauter werden Sie allmählich mit diesen Situationen: Sie können Ihr eigenes Verhalten besser einschätzen und auch die Reaktionen der anderen.

Üben allein und in der Gruppe

Da Redeangst überwiegend in Gruppen auftritt, lässt sich das Ziel, in Gruppen reden zu können, auch am besten in einer solchen einüben. Schauen Sie im Vorlesungsverzeichnis nach, ob Ihre Hochschule solche Redetrainings anbietet. Als Veranstalter kommen in Betracht die Psychologische Beratung und Studienberatung, die Frauenbeauftragte, die Psychologischen oder Erziehungswissenschaftlichen Institute. Außerhalb der Hochschule bieten gelegentlich Volkshochschulen und andere Einrichtungen der Erwachsenenbildung derartige Kurse an.

Sollten Sie auf kein geeignetes Angebot stoßen, fände ich es gut, wenn Sie ein, zwei oder drei Leute aus Ihrem Semester in Ihr Vorhaben einweihen. Es sollte mich wundern, wenn Sie dabei nicht erfahren, dass diese vor ähnlichen Schwierigkeiten stehen. Es ist sehr entlastend mitzubekommen, dass es anderen genauso geht wie einem selbst. Sie können sich gegenseitig unterstützen und Rückmeldung geben.

Es ist nicht so schwer, einige andere zu finden, die ebenfalls Redeangst haben und auch etwas dagegen tun möchten. Das Hauptproblem ist vielmehr, dass Sie sich überwinden und andere ansprechen und auch nicht gleich aufgeben, wenn Sie den einen oder anderen Korb erhalten. Wer schon beim ersten Korb aufgibt, kann nicht die Erfahrung machen, dass es bei der fünften oder vielleicht auch erst bei der zwanzigsten Anfrage klappt.

Sollte die Gruppenbildung mit Kommilitonen trotz allem nicht erfolgreich sein, dann überlegen Sie, ob Sie in Ihrer WG, im Freundeskreis oder im Rahmen Ihrer sonstigen sozialen Kontakte Partner finden, die ähnliche Probleme haben und mit Ihnen eine Gruppe bilden wollen. Es kommt in erster Linie auf die Bereitschaft an, das Problem mit den anderen zu besprechen.

Schließlich bleibt noch immer der Weg, dass ein Familienangehöriger, ein Freund, eine Freundin sich bereit erklärt, die Rolle des Zuhörers und Rückmelders zu übernehmen. Zur Not können Sie sich manches auch ohne ein Gegenüber aneignen und Hilfsmittel wie den Spiegel oder Kassettenrekorder zum Üben benutzen.

Es ist grundsätzlich besser, mit kleinen Schritten anzufangen und diese auch auszuführen, anstatt sich mit überhöhten Ansprüchen zu überfordern und zu entmutigen.

Gehen Sie noch einmal die Faktoren durch, die Redeangst bei Ihnen auslösen (siehe Kapitel 2 – Die Auslöser), und – falls Sie es nicht schon gemacht haben – erstellen Sie jetzt nach Ihren persönlichen Gegebenheiten eine Hierarchie von Situationen mit steigendem Schwierigkeitsgrad. Notieren Sie zuerst die Situation, die Ihnen vergleichsweise leicht erscheint und dann der Reihenfolge nach die weiteren Situationen bis hin zur schwierigsten.

1. ....

2. ....

3. ....

usw. ....

Lesen Sie erst weiter, wenn Sie die Situationen der Schwierigkeit nach festgelegt haben, in denen Sie entgegen Ihren bisherigen Gewohnheiten etwas sagen wollen.

Für manche Menschen ist es leichter, im Freundeskreis etwas zu sagen, anderen ist wohler, wenn man sich nicht so gut kennt. Manchen fällt es schwerer, etwas vorzulesen und dafür leichter, etwas mit eigenen Worten zu sagen. Bei anderen ist es genau umgekehrt.

Unabhängig davon, ob Sie mit einer Gruppe oder allein üben – das wichtigste ist, dass Sie Übungsgelegenheiten schaffen und nutzen.

Eine politische Gruppierung, ein Sportverein, ein Arbeitsverhältnis geben gute Situationen ab zum Üben – und dann natürlich alle Veranstaltungen, die Sie an der Universität besuchen. Auch hier lässt sich jeweils differenzieren, welche Situationen leichter und welche schwerer sind.

Die Lernschritte

Die Lernschritte folgen auch dem Prinzip von leichter bis schwerer: vom Vorlesen eines einfachen Textabschnitts bis hin zu einem freien Kurzvortrag vor der Videokamera. Die Schwierigkeit bestimmt sich zusätzlich danach, in welcher Situation der Lernschritt durchgeführt wird.

1. Lernschritt

Die erste Aufgabe besteht darin, nach fünf Minuten Vorbereitungszeit einen kurzen Text vorzulesen und während des Vorlesens einmal in die Runde zu schauen und Blickkontakt aufzunehmen. Es kommt nicht auf den Inhalt des Textes an. Damit Sie sich eine Vorstellung von Länge und Schwierigkeit machen können, sei exemplarisch ein Text hier aufgenommen:

Schüchternheit als Ausrede

Bei Partys stehen sie schweigend in den Ecken herum und halten sich an ihrem Weinglas fest. Wenn der Chef beim Betriebsfest sie mit lautem Hallo begrüßt, möchten sie am liebsten Reißaus nehmen. Bei Bewerbungsgesprächen oder beim Rendezvous fällt ihnen gewöhnlich erst hinterher ein, was sie eigentlich sagen wollten. Sie leiden sehr – die Schüchternen.

Die Erforscher der Schüchternheit – oder der sozialen Angst, wie sie es nennen – sind der Ansicht, dass schüchterne Menschen ihre Fähigkeiten, mit anderen umzugehen, unterschätzen. In Gesellschaft sind sie befangen, weil sie sich in Gedanken dauernd damit beschäftigen, welchen Eindruck sie auf die Anwesenden machen.

Legen Sie sich jetzt fest, in welcher Situation Sie Ihre erste Aufgabe durchführen wollen, und zwar nach folgendem Schema:

Wo	z.B. Freundeskreis
Wann	genaue Zeitangabe
Was	Vorlesen eines Abschnitts aus einem Zeitungsartikel

Außerhalb des Redetrainings ist mehr Eigeninitiative erforderlich, weil der feststehende Teilnehmerkreis, der festgelegte Zeitpunkt und die Anleitung durch den Übungsleiter nicht vorgegeben sind, sondern selbst organisiert werden müssen. Allerdings hat ein Kurs in erster Linie Anregungsfunktion. Die eigentliche Arbeit – die ›Hausaufgaben‹ zwischen den Sitzungen – leistet auch da jeder einzelne vor Ort nach seinen Gegebenheiten.

Das primäre Ziel ist, *dass* Sie die Aufgabe ausführen, das *Wie* ist dem nachgeordnet. Wenn Sie sich der Aufgabe gestellt haben, anstatt sie wie bisher zu vermeiden, sollten Sie sich das auch uneingeschränkt honorieren und erst beim zweiten Hinschauen registrieren, was Ihnen gefallen hat und was noch verbesserungsbedürftig ist. Wenn Sie sogleich mit harscher Selbstkritik bei der Hand sind, lassen Sie den Fortschritt, dass Sie reden statt schweigen, unter den Tisch fallen, und Sie nehmen sich den Elan zum Weitermachen.

Für den Fall, dass Sie trotz guter Vorbereitung geschwiegen haben, sollten Sie sich das nicht übel nehmen. Analysieren Sie stattdessen sorgfältig, wie Sie sich am Reden gehindert haben, schreiben Sie die Gedanken auf, debattieren Sie sie anhand der bekannten drei Fragen, und formulieren Sie eine positive Alternative.

Erst wenn Sie die erste Aufgabe absolviert haben, sollten Sie zur nächsten weitergehen. Es wäre wünschenswert, dass Sie jede Woche einen Lernschritt machen.

2. Lernschritt

Im zweiten Lernschritt sollen Sie bereits einen kleinen selbstständigen Beitrag leisten. Sie nehmen einen etwas längeren Text und zehn Minuten Vorbereitungszeit. Sie sollen dann den Inhalt des Textes paraphrasieren, also in eigenen Worten wiedergeben. Sie können einen Stichwortzettel benutzen. Textbeispiel:

Schwangerschaft als Stigma

Schwangerschaft sollte eigentlich etwas Erfreuliches sein. Jedenfalls tun die meisten Menschen so, als ob sie sich nichts Natürlicheres und Schöneres vorstellen könnten als eine schwangere Frau. In Wirklichkeit wird eine Schwangere oft so behandelt, als ob sie einen körperlichen Defekt hätte. Besonders Männer verhalten sich gegenüber Schwangeren oft seltsam.

Zwei Psychologinnen haben beobachtet, wie sich Menschen im Lift, in dem auch eine Schwangere mitfuhr, verhalten. Eine der beiden Forscherinnen täuschte eine Schwangerschaft vor, indem sie sich ein Kissen unter ihr Kleid schob. Die andere stellte sich in eine Ecke und beobachtete unauffällig, was passierte. Die häufigste und unangenehmste Reaktion von ›Mitreisenden‹ war das direkte Anstarren der Schwangeren. Gleichzeitig bemühten sich die männlichen Lift-Passagiere, einen möglichst großen Abstand zwischen sich und die Schwangere zu legen. Sie stellten sich in der Regel in die entgegengesetzte Ecke. Manche machten einen Schritt rückwärts, wenn sie erkannten, dass neben ihnen eine schwangere Frau stand. Frauen zeigten diese Abstands-Reaktion nicht so deutlich. Viele von ihnen haben wahrscheinlich schon selbst eine Schwangerschaft erlebt.

Die Aufgabe dieses Lernschrittes kann auch darin bestehen, eine Frage zu stellen oder einen kurzen selbst formulierten Redebeitrag zu leisten.

Legen Sie sich jetzt auf Ihre zweite Aufgabe mit dem nächsten Schwierigkeitsgrad fest:

Wo	Gruppe von 2 bis 3 Kommilitonen
Wann	genaue Zeitangabe
Was	einen Gedanken aus einem Artikel mit eigenen Worten wiedergeben

oder

Wo	im Seminar, genaue Angabe
Wann	genaue Zeitangabe
Was	eine Frage stellen

Wie ist es Ihnen mit dieser Aufgabe ergangen? Hauptziel ist immer noch, dass Sie überhaupt etwas sagen. Registrieren Sie nun aber zusätzlich kritisch und wohlwollend einen Punkt, den Sie verändern möchten, und überlegen Sie, was Sie beim nächsten Mal anders machen müssen, um das zu erreichen.

Hier wie auch bei allen anderen Lernschritten ist es günstig, wenn Sie die Aufgabe mehrmals wiederholen, um das Gelernte zu festigen.

3. Lernschritt

Bei der nächsten Aufgabe geht es darum, dass Sie nach 15 Minuten Vorbereitungszeit den Inhalt eines Films, Theaterstücks oder Buchs (nach eigener Wahl) wiedergeben und mit einer eigenen Stellungnahme abschließen. Das Ganze soll nicht länger als zirka zwei Minuten dauern.

Diese Aufgabe eignet sich im Freundeskreis oder schwieriger: bei flüchtig bekannten Kommilitonen, mit denen Sie ins Gespräch kommen möchten. Also:

Wo
Wann
Was

Was hat die Aufgabe diesmal bei Ihnen ausgelöst? Haben Sie sich schnell entscheiden und die meiste Zeit für ein Konzept verwenden können? Oder war da etwa als erstes der Gedanke: »Mir fällt nichts ein?« Wenn Sie so denken, nimmt es auch nicht wunder, dass Sie sich schwertun. Geben Sie sich nicht nach, und Sie werden die Erfahrung machen, dass Ihnen etwas einfällt, wann Sie etwa im Kino oder Theater waren und was Sie dort gesehen haben, und dass Sie in der verbleibenden Zeit noch etwas darüber aufschreiben können.

Es ist eine gute Übung, sich bei der Vorbereitung an die Zeitbegrenzung zu halten. Wenn Sie sich kurzerhand auf die Aufgabe einlassen und nicht lange herumfackeln, was sich denn für Ihren Bericht am besten eignet – in der Regel eignet sich alles gleich gut und Sie können das nehmen, was Ihnen zuerst einfällt –, dann werden Sie erstaunt feststellen, was Sie in 15 Minuten zustande bringen.

Es ist eine weitere gute Übung, auf die zur Verfügung stehende Vortragszeit zu achten, denn in zwei Minuten lässt sich nicht alles mitteilen, und Sie müssen entscheiden, was Ihnen wichtig ist. Es wäre schade, wenn Sie zum Wesentlichen erst nach den zwei Minuten kämen. Reden Sie sich umgekehrt auch nicht damit heraus, dass sich in zwei Minuten etwas Vernünftiges sowieso nicht sagen lasse. Wenn Sie die Dauer der Kommentare im Hörfunk oder Fernsehen einmal stoppen, werden Sie feststellen, dass sie oft sogar kürzer als zwei Minuten sind.

Über Einzelheiten, auf die es bei einem ›wirklichen‹ Referat ankommt, folgt in Kapitel 7 mehr.

Sie haben nun verschiedentlich Beiträge geleistet, zwischendurch die eine oder andere Frage gestellt. Wie wirkt sich das auf Ihre physiologischen Reaktionen aus, wie auf Ihre Bewertungen?

Ich hoffe, dass Sie es inzwischen nicht mehr schlimm finden, sondern akzeptieren, wenn Ihnen etwas nicht hundertprozentig gelingt oder danebengeht. Sie können es auch so sehen: Fehler sind nichts Schlimmes, sondern eine wichtige Voraussetzung für Lernfortschritte. Wer schweigt, macht keinen Fehler, aber auch keine Fortschritte, keine Entwicklung.

4. Lernschritt

Die folgende Aufgabe bringt Sie in Uni-Nähe.

Es wäre gut und für die Aufgabensteigerung erleichternd, wenn Sie zu mehreren an dem Redeproblem arbeiten. Der Transfer in die Seminar-Situation wird Ihnen leichter fallen, wenn Sie vorab ›auf dem Trockenen‹ vor einer Gruppe geübt haben.

Falls Sie die Anregung nicht schon zu Beginn dieses Kapitels aufgegriffen haben, könnten Sie jetzt ein paar Leute aus Ihrem Semester oder aus einer Ihrer Lehrveranstaltungen ansprechen bzw. den bereits bestehenden vertrauten Kreis erweitern.

Die Gruppe verständigt sich darauf, dass sie sich wöchentlich an einem bestimmten Tag, zu einer festgelegten Zeit für zwei Stunden trifft und gemeinsam übt. Sie können in der ersten Viertelstunde Ihre Erfahrungen mit Redebeiträgen austauschen. Spätestens dann sollten alle da sein, und das Üben sollte beginnen. Bei mehr als drei Personen empfiehlt es sich, für Vorbereitung und Leitung der Sitzung eine/n Verantwortliche/n zu bestimmen, am besten rotierend.

Dieser Person fällt die Aufgabe zu,

- die Sitzung zu leiten und die vorzulesenden bzw. zu paraphrasierenden Texte auszuwählen,
- auf die Zeit zu achten
- und darauf, dass sich alle gleichermaßen beteiligen und niemand dominiert.

Bei dieser Aufgabe geht es wieder darum, nach 15 Minuten Vorbereitungszeit einen Kurzvortrag von zirka zwei Minuten zu halten. Aber jetzt ist der Gegenstand eine Theorie oder ein Thema aus Ihrem Studienfach.

Wenn alle aus der Gruppe ihren Vortrag gehalten haben, können Sie sich über Ihre Erfahrungen austauschen und sich gegenseitig positive sowie kritische Rückmeldung geben.

Ist Ihnen diese Aufgabe schwerer gefallen, als die vorhergehende? Wenn ja, warum?

Hat sich Ihr Maßstab verändert, nur weil Sie jetzt nicht über einen Film oder ein Buch, sondern über ein Studienthema reden?

Seien Sie wachsam gegenüber selbstschädigenden Gedanken!

5. Lernschritt

Beim nächsten Schritt handelt es sich um die gleiche Aufgabe (15 Minuten Vorbereitungszeit, Kurzvortrag von zirka zwei Minuten über Theorie oder Gegenstand aus dem Studienfach). Diesmal kommt hinzu, dass die Mitglieder der Gruppe zu Ihrem Vortrag Fragen stellen sollen, auf die Sie dann antworten.

Im Anschluss findet wieder ein Erfahrungsaustausch statt.

Was fiel Ihnen leichter: der Vortrag oder das Antworten auf die Fragen? Hätten Sie ohne drumherum zu reden und ohne Peinlichkeitsgefühle sagen können: »Ich weiß die Antwort nicht, ich liefere sie beim nächsten Mal nach«?

In den Redetrainings, aber auch in Übungen und Seminaren, verläuft der Diskussionsteil meist lockerer. Das hat etwas damit zu tun, dass man sich warm geredet hat. Die anfängliche Aufregung ebbt ab, und das Reden fängt an, Spaß zu machen. Aber diese Erfahrung wird Ihnen nur zuteil, wenn Sie sich überwinden zu reden.

6. Lernschritt

Dieser Lernschritt besteht wiederum in der gleichen Aufgabe mit anschließender Diskussion, diesmal aber mit der Steigerung des Schwierigkeitsgrades durch einen erweiterten Zuhörerkreis.

Jede/r soll zur nächsten Sitzung noch mindestens zwei Leute mitbringen. Die neuen Gesichter steigern noch einmal den Aufgeregtheitsgrad, und Sie können erfahren, dass Sie Ihrer Aufgabe gleichwohl gewachsen sind.

Diesmal bereiten Sie sich nach dem gleichen Muster vor – 15 Minuten Vorbereitungszeit für zirka zwei Minuten Vortrag –, aber bereits vor dem Treffen. So brauchen Sie Ihre ›Gäste‹ nicht warten zu lassen und können gleich loslegen. Die Gäste können auch Fragen stellen und sich an der Diskussion beteiligen. Sie werden dann vor dem Erfahrungsaustausch wieder freundlich verabschiedet.

Ich will gern zugeben, dass in dieser Sitzung deutlich wird, bei wem der Einsatz von Entspannung, die Einstellungsänderung und die bisherigen Übungen schon Wirkung zeigen.

Durch die neuen unbekannten Gesichter kommen in den Redeangst-Gruppen die Teilnehmer in die Versuchung, erneut zu kneifen. Das tun einige auch, andere gehen den Kompromiss ein, dass sie zur Sitzung kommen, aber niemanden mitbringen. Die gute Hälfte erfüllt die Bedingung.

Für mich heißt das, dass manche das Problem zwar loswerden, aber nicht hart genug dafür arbeiten wollen. Jedenfalls ist ihnen bis zu dieser Sitzung die Jungfräulichkeit ihres Glaubens, nichts dagegen tun zu können, genommen.

Video

Jetzt möchte ich noch auf ein wichtiges ergänzendes Hilfsmittel eingehen: die Videoaufzeichnung. Sie ist äußerst hilfreich für die Entwicklung eines korrekten Selbstbildes.

Ich meine, es müsste im Medienzeitalter nicht allzu schwer sein, eine Videoanlage zu organisieren, privat oder in der Uni, die Sie während Ihrer wöchentlichen, zweistündigen Sitzung benutzen können.

Sie zeichnen die Kurzvorträge der Reihe nach auf – jede/r kommt dran! –, spulen zurück und schauen sich Beitrag für

Beitrag – aus Zeitgründen gegebenenfalls nur ausschnittweise – an und besprechen ihn nach folgendem Schema:

- Wie sieht der/die Vortragende sich selbst?
  (Selbstwahrnehmung)
- Was sehen die übrigen Teilnehmer?
  (Fremdwahrnehmung)
- In einem 3. Schritt wird ein Merkmal überlegt, auf das der/die Betreffende beim nächsten Mal besonders achten will (z.B. Körperhaltung, Stimmqualität, Modulation, Blickkontakt, Gestik, Redeaufbau).

Es ist eine wertvolle Erfahrung, sich einmal redend gesehen zu haben. Viele sind erstaunt, wie wenig von ihren inneren Turbulenzen, den körperlichen Stresssymptomen, nach außen sichtbar wird. Manchen fällt es schwer, sich auf dem Bildschirm zu sehen; sie gefallen sich überhaupt nicht, sind sich fremd. Doch mit jeder Übung tritt das mehr in den Hintergrund.

Bei der gemeinsamen Besprechung nach der Videoaufzeichnung stößt man auf ein interessantes Phänomen: Redeängstliche schätzen ihr Verhalten oft falsch ein. Sie meinen zum Beispiel, sie hätten zu leise und verworren gesprochen. Dabei konnten die Zuhörer sie gut verstehen. Oder sie finden selbst, dass sie ganz unsicher wirken, während die anderen Teilnehmer ihnen bescheinigen, dass sie einen ziemlich sicheren und selbstbewussten Eindruck machen.

Die Diskrepanz zwischen Selbst- und Fremdwahrnehmung ist augenfällig. Es scheint da zwei Maßstäbe zu geben: einen strengen, kritischen Maßstab für sich selbst und einen sehr viel wohlwollenderen für die andern. Das kann so weit gehen, dass man bei einem anderen etwas als liebenswert empfindet, das man sich selbst nachzusehen niemals bereit ist.

Außerdem fällt fast schmerzhaft auf, dass die Teilnehmer fast durch die Bank mit negativer Kritik über sich selbst herfallen. Da haben sie sich nun der Kamera gestellt, was die ersten Male schon für sich genommen schwierig genug ist, und anstatt das anzuerkennen und das Augenmerk auf das zu richten, was sie gut gemacht haben – und es gibt immer Anteile, die man gut gemacht hat –, hacken sie nur auf dem herum, was noch nicht so ist, wie sie es gern hätten.

Ich habe bei der Beschreibung nicht übertrieben und diesen Punkt so eindringlich behandelt, weil ich mit ziemlicher Sicherheit voraussagen kann, dass Sie auch nicht fairer mit sich umgehen. Und nun sagen Sie selbst: Ist das eine gute Voraussetzung, um sich zu motivieren und bei der Stange zu halten, gerade wenn es noch schwer fällt?

Sie wiederholen hier, was Sie als Kind vermutlich oft erfahren haben: Sie haben sich angestrengt und etwas produziert, und statt Anerkennung dafür zu bekommen, sind Sie ausgemeckert worden.

Und heute behandeln Sie sich selbst auch nicht besser.

Schreiben Sie jetzt auf, wie Sie in Zukunft die Selbstabwertung stoppen wollen:

....

....

....

....

....

....

....

....

....

....

Die Erfahrung mit Selbst- und Fremdwahrnehmung ist oft ein Anstoß, den strengen Maßstab, den man an sich selbst anlegt, zu überprüfen und zu lockern. Das Ziel ist, dass Sie von dem Bild, wie Sie idealerweise vor einer Gruppe sprechen möchten, ablassen und zu dem stehen, was Sie gegenwärtig tatsächlich fertig bringen (mit Aufregung, mit zittriger Stimme und Rotwerden). Dann werden Sie merken, dass Ihr reales Selbst schon eine ganze Menge zustande bringt und sich nicht verstecken muss.

Wenn Sie sich selbst so akzeptieren, wie Sie sind, kann mit den oben beschriebenen kleinen Schritten ein Prozess, eine Entwicklung in Gang kommen, die langfristig zu Veränderung führt. Es nützt nichts, auf den großen Wurf zu warten, mit dem Sie sich nur überfordern würden – im Übrigen ist das eine vorgeschobene Begründung, um sich der Mühe und Arbeit, die auch in den kleinen Schritten steckt, zu entziehen.

Zwei Große in Literatur und Politik haben es so formuliert: *Goethe:* »Es ist nicht genug zu wissen, man muss es auch anwenden. Es ist nicht genug zu wollen, man muss es auch tun.« *Marshall,* der amerikanische Außenminister und Erfinder des gleichnamigen Plans, erkannte: »Kleine Taten, die man ausführt, sind besser als große, die man nur plant.« Das lässt sich exakt auf das Reden anwenden.

Falls noch erforderlich, möchte ich Sie ausdrücklich ermuntern, dem Prinzip der kleinen Schritte anzuhängen und sich zum Redner, zur Rednerin zu entwickeln, indem Sie einen Fuß vor den andern setzen – mutig und bescheiden zugleich.

Wenn Sie die Videoaufnahmen zu Beginn und gegen Ende Ihrer Redeübungen vergleichen, können Sie sich von den Veränderungen mittels kleiner Schritte überzeugen.

Es versteht sich von selbst, dass es nicht ausreicht, die Lernschritte 1 bis 6 einmal zu machen, sondern dass es darauf ankommt, sie in Ihren Seminaren praktisch anzuwenden und häufig zu wiederholen. Der Variationsmöglichkeit nach Ihren Gegebenheiten sind keine Grenzen gesetzt. Wichtig ist auch, dass Sie sich auf bestimmte Aufgaben im Verlauf einer Woche festlegen und sich immer wieder Rechenschaft ablegen über das, was Sie getan haben, wie Sie sich dabei und danach gefühlt haben; und – wenn Sie die geplanten Aufgaben nicht gemacht haben – warum nicht. So nehmen Sie sich und Ihre Ziele ernst und lernen sich selbst besser kennen.

Machen Sie dabei von allen erleichternden Bewältigungsstrategien Gebrauch: neben den Redeübungen also auch von den Entspannungsübungen und Übungen zu rationalem Denken.

Rede-Arbeits-Buch

Ich möchte anregen, dass Sie sich ein Rede-Arbeits-Buch zulegen, sozusagen einen ständigen Begleiter. Es sollte so beschaffen sein, dass Sie es gern zur Hand nehmen.

In dieses Buch können aufgenommen werden:
- Ihre Befürchtungen, die Rede- und Arbeitssituationen betreffen,
- Ihre rationalen Selbstanalysen,
- die konstruktiven Selbstaussagen,
- Ihre Lernziele,
- alle Erfahrungen,
- alle Schwierigkeiten und Lösungen dafür,
- alle Ideen, die Ihnen zu den Themen Reden und Arbeiten (dazu gleich mehr) in den Sinn kommen,
  im Vorgriff auf Kapitel 6:
- Arbeitspläne,
- Rechenschaftsberichte.

Mit den Aufzeichnungen in ein solches Rede-Arbeits-Buch können Sie sich selbst aus einem unspezifischen Unbehagen und ›Vor sich hin dümpeln‹ heraushelfen. Die Knackpunkte werden deutlich, Sie können Lösungswege konzipieren, ausprobieren und festhalten, welcher erfolgreich war.

Dieses Rede-Arbeits-Buch dokumentiert gleichzeitig Ihre Entwicklung im Rede- und Arbeitsverhalten. Sie können nachvollziehen, wie Sie von einem Ausgangspunkt Schritt für Schritt auf Ihr Ziel zugehen und wie viel harte Arbeit darin steckt. Der Gedanke ›Es wird schon von allein‹, ist ein für allemal als irrational enttarnt.

6.

Anleitung zum systematischen Studieren
Redebeiträge wollen gut vorbereitet sein

Es liegt auf der Hand, dass die Fähigkeit, sich aktiv in Seminaren zu beteiligen, in hohem Maß von der fachlichen Kompetenz und damit zugleich von der Vor- und Nachbereitung sowie von einem systematischen Arbeitsverhalten abhängt. Auf die Frage, wie es um die Arbeitszufriedenheit bestellt ist, erhalte ich von den Teilnehmern der Redetrainings jedoch mit wenigen Ausnahmen negative Antworten.

Da der subjektive Eindruck oft nicht verlässlich ist – manche fühlen sich von Arbeit überhäuft und bei genauerem Hinsehen ist kaum Zeit reserviert für die eigene Arbeit am Schreibtisch, andere haben den Eindruck, mit vier Stunden am Schreibtisch nichts oder zu wenig getan zu haben –, ist es hilfreich, wenn Sie eine Woche lang aufzeichnen, wie Sie Ihren Tag verbringen. Halten Sie stichwortartig fest, was Sie jede Stunde gemacht haben.

Wenn Vor- und Nachbereitung für die Lehrveranstaltungen nicht oder nur unzureichend vorkommen, ist Ihr Tages- bzw. Wochenplan veränderungsbedürftig. Man rechnet für eine Stunde Lehrveranstaltung über den Daumen gepeilt jeweils eine Stunde Vor- und Nachbereitung.

Der Arbeitsplan

An einem Beispiel möchte ich zeigen, wie Sie kontrollieren können, ob Sie das, was Sie machen wollten, auch tatsächlich getan haben. (Sie erinnern sich: Es ist nicht genug zu wollen, man muss es auch tun.)

Angenommen, Sie wollen täglich zwei Stunden am Schreibtisch sitzen,

Montag – Freitag
15.00 – 15.55 Uhr   AE 1   (AE = Arbeitseinheit)
15.55 – 16.00 Uhr   P   (P = Pause)
16.00 – 17.00 Uhr   AE 2

dann ergibt sich folgendes Selbstkontrolldiagramm:

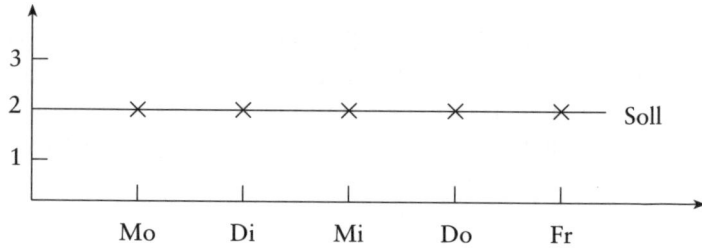

Die obere durchgezogene Linie ist das Soll, entspricht also den zwei Stunden. Mit den Kreuzen geben Sie das erreichte Ist an.

Wenn Sie jeden Tag zwei Stunden für Ihr Studium gearbeitet haben, liegen alle Kontrollkreuze auf der Soll-Linie. Ist = Soll = alles paletti.

Sieht der Soll-Ist-Vergleich aber so aus,

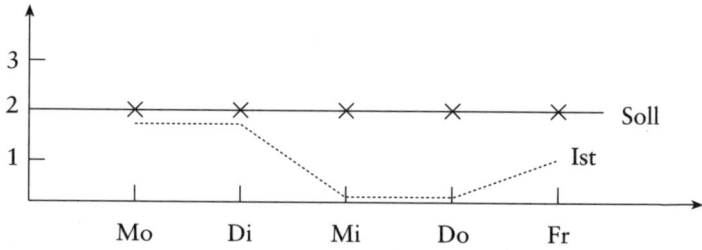

dann ist es wichtig, dass Sie sich Rechenschaft ablegen über die Gründe für die Abweichung. Es kann sein, dass Sie das Soll unrealistisch hoch angesetzt haben. Dann sollten Sie es reduzieren.

Wenn Sie immer mehr in einen Tag hineinpacken, als Sie schaffen können, ist das der beste Weg, sich zu demotivieren. Also planen Sie realistische Ziele für einen Tag! Und was für einen Tag gilt, gilt auch für ein Semester. Wer kennt nicht die Semesteranfangseuphorie – vieles, zu vieles interessiert Sie. Treffen Sie eine realistische Auswahl und bedenken Sie, dass ein Seminar, das Sie nicht gründlich vor- und nachbereiten, mehr oder weniger für die Katz ist. Der volle Stundenplan täuscht Aktivität vor. Sie sind zwar damit beschäftigt, von einer Veranstaltung zur anderen zu rennen, aber Sie sind nicht wirklich aktiv.

Nun zurück zu unserem Beispiel. Das Soll kann aber auch durchaus realistisch angesetzt sein. Wenn Sie sagen: zwei Stunden pro Tag sind machbar, dann sollten Sie sich fragen, wieso Sie am Mittwoch und Donnerstag nichts gemacht und sich am Freitag nur zu einer Stunde aufgerappelt haben.

Dass Sie sich Rechenschaft ablegen über das, was Sie tun bzw. nicht tun, ist ein zentraler Punkt für ein systematisches Arbeitsverhalten.

An dieser Stelle kommt wieder das Rede-Arbeits-Buch (siehe Kapitel 5) ins Spiel.

Tragen Sie Ihren Wochenplan ein, vermerken Sie die tatsächlich geleisteten Arbeitsstunden mit einem Kreuz, und wenn Sie den Plan nicht eingehalten haben, notieren Sie die Gründe, die dazu geführt haben.

Sie können damit feststellen, ob es immer wieder dieselben oder unterschiedliche Gründe sind, ob Sie an einem bestimmten Tag besonders ›gefährdet‹ sind, und woran das liegt. In jedem Fall erfahren Sie durch diese Form der Selbstbeobachtung sehr viel mehr über sich, als wenn Sie den Dingen ihren Lauf lassen.

Und Sie können verfolgen, wie sich Ihre anfangs vermutlich instabile Ist-Kurve immer mehr den Soll-Werten annähert.

Es wird Ihnen aufgefallen sein, dass der Wochenplan von Montag bis Freitag geht. Samstag oder Sonntag sollten Sie ganz frei halten von Arbeit. Entgegen der Empfehlung in der Bibel wird von Studierenden häufig der 6. und nicht der 7. Tag zum

Ruhetag gewählt. Überlegen Sie, welcher Tag Ihnen am besten passt. Der andere Tag dient als Zeitpuffer für Unvorhergesehenes und Geplantes, aber noch nicht Erledigtes.

Wenn Sie den Schreibtisch meiden, gibt es in aller Regel eine Schwierigkeit, ein Problem mit dem, was Sie gerade bearbeiten. Dann ist es besser, sich zu überlegen und klar zu machen, worin das Problem genau besteht und wie Sie ihm zu Leibe rücken können (z.B. Bibliothek, Gespräch mit KommilitonInnen oder DozentInnen), anstatt das Weite zu suchen. Dadurch erschweren Sie sich nur das Zurückkehren an den Schreibtisch, weil das Problem da noch weiterhin auf Sie wartet.

Umgang mit Ablenkungen

Der Arbeitsplan hilft Ihnen zum einen, die Schritte, die zu Ihrem Ziel führen, kontinuierlich zu gehen, zum andern ist er auch ein Bollwerk gegen Ablenkungen.

Wenn Sie zu Hause arbeiten, können Sie ihn an Ihre Zimmertür hängen, und die Mitbewohner wissen, wann Sie nicht gestört werden wollen; das Handy wird in der Zeit abgestellt und der Anrufbeantworter eingeschaltet; und wenn ein zufällig durchreisender Freund auf der Matte steht, sagen Sie ihm, dass Sie in zwei Stunden Zeit für ihn haben.

Es gibt zahlreiche Ereignisse, die einen versuchen, von der Einhaltung des Plans abzusehen. Achten Sie auf Ihre persönlichen Fallen und überlegen Sie, wie Sie verhindern können, immer wieder in diese Fallen hineinzutappen.

Wenn Sie jede Ablenkung freudig aufgreifen, dann heißt das, dass Sie sich, Ihre Ziele und Pläne nicht ernst nehmen. Die Folge ist, dass die anderen Sie in Ihrem Arbeitsverhalten auch nicht ernst nehmen und meinen, man könne alles Mögliche jederzeit an Sie herantragen.

Angenommen, Sie haben sich für bezahlte Arbeit verdingt, dann ist es keine Frage, dass Sie pünktlich zur vereinbarten Zeit erscheinen und so lange wie vereinbart arbeiten. Das ist die Voraussetzung dafür, am Ende des Monats den vereinbarten Lohn zu bekommen.

Mit Ihrem Studium ist das keinen Deut anders.

Semester für Semester ist ein bestimmtes Pensum zu bewältigen, damit Sie am Ende das begehrte Examen in der Tasche haben.

Der Unterschied ist nur, dass Sie die Vereinbarung mit einem Arbeitgeber sehr viel ernster nehmen als die Vereinbarung mit sich selbst. Finden Sie, dass das in Ordnung ist? Das ist es nur dann, wenn Sie auch die Konsequenzen, die ein solches Verhalten hat, zum Beispiel Studienzeitverlängerung oder mangelhafte Zensuren, in Kauf nehmen. Aber wenn es tatsächlich dazu kommt, ist das Jammern und das Klagen meistens groß – und häufig sollen auch noch die anderen schuld sein.

Zugegeben, beim Jobben bekommen Sie den Lohn spätestens nach vier Wochen, während die Belohnung für den Einsatz im Studium ein paar Jahre auf sich warten lässt. Was halten Sie davon, sich für das erfolgreiche Absolvieren eines Semesters selbst eine Belohnung auszusetzen? Etwa folgendermaßen: 2 Scheine gemacht + aktive Beteiligung in 2 Seminaren = 2 Wochen ›Urlaub‹.

Wenn Sie am Schreibtisch sitzen und Ihre Gedanken abschweifen, dann hilft ein Blatt Papier, auf dem Sie festhalten, was Ihnen gerade durch den Kopf geht. Danach konzentrieren Sie sich wieder auf die Schreibtischarbeit, indem Sie sich sagen, dass Ihnen der notierte Gedanke nicht verloren geht und Sie sich mit ihm nach Ihrer Vor- bzw. Nachbereitung befassen können.

Oft handelt es sich um Dinge, die Sie schon lange vorher beschäftigt haben und noch lange nachher beschäftigen werden, die also nicht gerade jetzt Ihren Arbeitsplan sprengen müssen. Sie sollten sich auch davor hüten, sich auf eine rosarote Wolke zu setzen und tagzuträumen. Klar ist da alles einfacher, schöner, erfolgreicher, aber es ist eben nicht die Realität. (Anleitungshilfen zum kontrollierten Lesen vgl. Kapitel 6 – Aktives Lesen)

In Ihren Wochenplan gehören natürlich auch Ihre anderen Aktivitäten: Job, Sport, politische Arbeit, Freunde treffen.

Auch Raum für Erledigungen, Arztbesuche und dergleichen, sollten Sie einplanen, und nicht zu vergessen sind die kleinen und großen Pausen.

Zahlreiche Untersuchungen belegen, dass man länger konzentriert arbeiten kann, wenn man zwischen die Arbeitseinheiten eine kleine Pause einlegt. Manche können sich eine knappe Stunde konzentrieren und brauchen fünf Minuten Pause, für andere sind nach einer halben Stunde zehn Minuten günstig. Finden Sie Ihren persönlichen Rhythmus heraus.

In dieser kleinen Pause lehnen Sie sich zurück, schnappen am Fenster kurz frische Luft, essen einen Apfel oder trinken Tee, und weiter geht's.

Zwischen Blöcken von zwei oder drei Arbeitseinheiten ist dann eine große Pause von ein bis zwei Stunden fällig. Untersuchungen haben ebenfalls erwiesen, dass große Pausen für den Lernprozess umso nützlicher sind, je mehr sich die Pausentätigkeit von der Lerntätigkeit unterscheidet. Nach einer Lesephase sollten Sie in der Pause also nicht die Zeitung lesen, sondern besser etwas essen, Sport treiben, schlafen. Je ähnlicher die Pausen- der Lerntätigkeit ist, umso störender wirkt sie sich auf die Behaltensleistung aus.

Es ist auch ausgesprochen ineffektiv, die Arbeitszeit zu verlängern, indem man die Pausen einspart. Die Pausen und Erholungsphasen nach einem Arbeitstag sind genauso wichtig wie das Arbeiten selbst. Es ist wie bei einem Brunnen: Wenn Sie immer nur Wasser pumpen, ohne dass wieder welches hineinkommt, dann ist er eines Tages erschöpft, leer.

Freie Zeit und ein befriedigendes Sozialleben sind wichtige Voraussetzungen für den nächsten Arbeitstag.

Also: arbeiten, aber auch genießen.

Der Widerstand gegen die ›Verplanung‹ ist oft sehr groß. Unter Studierenden wird mit der Zeit oft umgegangen, als sei sie unendlich. Die skizzierte Vorgehensweise bedeutet keine Einengung, sondern Freiheit. Denn Sie legen eigenverantwortlich Ihre Prioritäten fest und lernen, dass Sie nicht alles, was Sie gern machen möchten, in der zur Verfügung stehenden Zeit auch machen können. Ich kenne Leute, die es bis ins Alter nicht gelernt haben, Prioritäten zu setzen und im gleichen Zuge auf manches zu verzichten, und die sich als Folge in einem Dauerstress befinden. Für wen das ein angenehmes Lebensgefühl ist ...

Auch wer mit der Methode ›auf den letzten Drücker‹ zufrieden ist und Erfolg damit hat, braucht das nicht zu ändern. Für die meisten Menschen gilt jedoch, dass sie unter sehr starkem Druck nicht so leistungsfähig sind, und sie erwiesen sich einen großen Gefallen, wenn sie einen Arbeitsstil entwickelten, der ihren individuellen Eigenheiten Rechnung trüge.

Mit individuellen Eigenheiten meine ich: Erheben Sie nicht zum Ziel, um 8 Uhr am Schreibtisch zu sitzen, wenn Sie von sich wissen, dass vor 10 Uhr mit Ihnen nichts los ist. Bürsten Sie sich nicht gegen den Strich, Sie frustrieren sich nur.

Genauso wenig nützt es, wenn Sie sich mit X oder Y vergleichen, die die Aufgabe in einem Bruchteil der Zeit, die Sie benötigen, geschafft haben. Erstens wissen Sie nicht, ob die Zeitangabe stimmt oder ob da nicht geblufft wird. Zweitens gilt: Sie sind Sie, und Sie brauchen Ihre Zeit, und das ist Ihre Grundlage. Es sei denn, X oder Y haben Ihnen etwas voraus, das Sie noch nicht kennen; dann lassen Sie sich das erklären und schauen, ob Sie etwas damit anfangen können und ob es zu Ihnen passt.

Das Aufschieben

Obwohl so viele Menschen aufschieben und daran leiden, muss gleichwohl etwas Gutes daran sein. Und in der Tat, es ist ein sehr trickreiches Arrangement:

Sie haben eine Größenphantasie, wie das Werk (Referat, Hausarbeit) werden soll, aber Sie fangen nicht an, das Erforderliche zu tun. Die Großartigkeit kippt um in Minderwertigkeit und Sie meinen, das nie zu schaffen. Wenn Ideal- und Realbild auseinander klaffen, gibt es ein Problem. Je größer die Diskrepanz, umso größer das Problem.

Mit Sicherheit sind Sie weder so großartig noch so unfähig, wie Sie sich das ausmalen, sondern Ihr realistischer Platz liegt irgendwo zwischen den beiden Extremen. Wenn Sie den einnehmen und Ihr Ziel anpeilen, dann stehen zahlreiche, zum Teil Schweiß treibende Arbeitsschritte an. Während Sie zwischen Großartigkeit und Minderwertigkeit hin- und herpendeln, vermeiden Sie die Anstrengung, die notwendig ist, das Ziel zu erreichen. Das ist der eine ›Vorteil‹ des Arrangements.

Würden Sie sich rechtzeitig an die Arbeit machen, dann könnte sich unter Umständen herausstellen, dass Sie das Ziel nicht zu 100 Prozent, sondern nur zu 80 Prozent erreichen, Sie also hier an Ihre Grenze stoßen (und wer stößt schon gern an seine Grenzen). Wenn Sie aufschieben und im letzten Augenblick doch noch anfangen und das Ergebnis dann gar nicht mehr großartig sein kann, können Sie sich immer sagen: Ja, wenn ich mich rechtzeitig hingesetzt hätte, dann wäre etwas Großartiges daraus geworden. So erhalten Sie die Illusion aufrecht, dass Sie bei genügend Zeit die Marke 100 erreicht hätten und brauchen sich nicht 20 Punkte abzuschminken, um Ideal- und Realbild in Deckung zu bringen. Das ist der zweite ›Vorteil‹ dieses Arrangements.

Nun frage ich Sie: Wieso müssen Sie großartig sein? Wer verlangt das von Ihnen? Bis Marke 80 zu kommen ist doch eine respektable Leistung und allemal besser, als aus Angst, die 100 nicht zu erreichen, nichts zu tun. Wenn Sie jeden Tag ein kleines Brötchen backen, werden Sie mit Sicherheit überleben, bei einem großen Brotlaib, von dem Sie nur träumen, aber verhungern.

Vielleicht vermag der folgende Textausschnitt von George Bernard Shaw die Kränkung zu lindern:

»*Meine Kaufmannslehre hatte mich daran gewöhnt, jeden Tag regelmäßig etwas zu tun, das wurde als das grundlegende Kriterium betrachtet, durch das sich Fleiß von Faulheit unterschied. Ich wusste, dass ich nicht vorwärts kommen würde, wenn ich das nicht weiter so machte, ja, dass ich es nur auf diese und auf keine andere Weise jemals fertig bringen würde, ein*

Buch zu schreiben. Ich kaufte mir also immer für einen halben Schilling weißes Kanzleipapier, faltete es zu Quartblättern und verurteilte mich dazu, ganz gleich ob es regnete oder die Sonne schien, ob ich mich leer oder inspiriert fühlte, täglich meine fünf Seiten voll zu schreiben. Es steckte noch so viel vom Schuljungen und vom Kaufmannslehrling in mir, dass ich mitten im Satz aufhörte, wenn ich meine fünf Seiten voll hatte. Wenn ich aber einen Tag ausgesetzt hatte, so holte ich das Versäumte nach und schrieb am nächsten Tag doppelt so viel. Auf diese Weise brachte ich in fünf Jahren fünf Romane zustande. Das war meine Lehrzeit als Schriftsteller ...«

Sicherlich müssen Sie es nicht genauso rigide handhaben wie Shaw, aber der Textausschnitt zeigt, dass selbst einem berühmten Schriftsteller seine Arbeitsergebnisse nicht in den Schoß fallen. Verlangen Sie das auch nicht von sich, und freunden Sie sich mit der Tatsache an, dass die Fortschritte gelegentlich langsam und die Arbeitsergebnisse zuweilen bescheiden sind. Solange Sie dranbleiben und etwas tun, können Sie Ihr Arbeiten und Reden verbessern. Problematisch wird es erst dann, wenn Sie aufschieben bzw. schweigen, dann stagniert zwangsläufig Ihre Entwicklung in diesen Bereichen.

Zeitliche Begrenzung

Der bewusste Umgang mit der Zeit ist auch eine Hilfe, um mit schriftlichen Arbeiten fertig zu werden. Ein festgesetzter Zeitrahmen unterstützt Sie zum einen dabei, an einem Thema dranzubleiben, denn das kostet die meiste Kraft. Zum andern hilft er Ihnen, rechtzeitig zum Schluss zu kommen.

Selbstverständlich kann man in der doppelten Zeit doppelt so viel Literatur verarbeiten. Und je länger man an der Arbeit sitzt, umso mehr kann man feilen. Aber die Frage ist: Kommt es darauf an? Die jeweilige Arbeit hat einen bestimmten Stellenwert, an ihr sollen Sie bestimmte Fähigkeiten und Fertigkeiten demonstrieren, und das geht häufig mit drei Büchern genauso gut wie mit sechs.

Denken Sie daran, dass Zeit ein sehr kostbares Gut ist und dass Sie nicht unendlich viel davon haben.

Aktives Lesen (SQ3R-Methode nach Robinson)

Ich möchte Sie jetzt mit einer wirkungsvollen Lesemethode bekannt machen. Wenn Sie ein Fachbuch zur Hand nehmen, ist es in vielen Fällen nicht erforderlich, dass Sie es von Anfang bis Ende durchlesen, sondern dass Sie das herausziehen können, worauf es Ihnen ankommt. Das ermöglicht die SQ3R-Methode mit den folgenden fünf Schritten.

Schritt 1: Survey (S) = Überblick

Sie verschaffen sich einen Überblick über den Inhalt des Buches bzw. Aufsatzes, um festzustellen, welche Themen darin behandelt werden. Sie schauen sich das Inhaltsverzeichnis an, überfliegen den Text, lassen sich dabei von optischen Reizen leiten, achten besonders auf Überschriften, auffallend gedruckte Textstellen, Schaubilder, Zusammenfassungen.

Dies ist die Vorbereitung, ein kurzes Anwärmen für das spätere gründliche Lesen, es stellt die notwendige Konzentration her und erleichtert den Einstieg. Denn nach dem ersten Überfliegen des Textes werden Sie sich von selbst für die genauen Einzelheiten interessieren.

Schritt 2: Questions (Q) = Fragen

Entweder haben Sie schon eine Fragestellung im Kopf und lesen den Text auszugsweise, um zu sehen, ob er Antworten enthält. Oder Sie stellen Fragen an den Text, nachdem Sie sich einen Überblick verschafft haben. Gute Fragen lassen sich häufig aus Kapitel- oder Abschnittsüberschriften formulieren oder sie klären, was an dem Text interessant für Sie ist.

Schritt 3: Read (R) = Lesen

Lesen Sie nun den Aufsatz oder ein Buchkapitel Abschnitt für Abschnitt und versuchen Sie, die vorher formulierten Fragen zu beantworten. Beim Lesen können sich natürlich auch neue Fragen stellen.

Es empfiehlt sich, zentrale Begriffe und Sätze im Text sparsam zu kennzeichnen. Bei erneutem Lesen können Sie sich dann darauf konzentrieren.

Schritt 4: Recite (R) = Wiedergabe

Machen Sie am Ende eines Abschnitts oder Kapitels das Buch zu und versuchen Sie, die Informationen mit eigenen Worten wiederzugeben und schriftlich festzuhalten. Wenn Sie dabei ins Stocken geraten, ist das ein Hinweis auf

Schritt 5: Repeat (R) = Wiederholen

Lesen Sie gezielt noch einmal nach, wenn manches unklar oder nicht ganz verstanden ist.

Metzig und Schuster (1982) erweitern dieses Vorgehen um einen Schritt zu der PQ4R-Methode. Sie beziehen noch mit ein, wie man den Text verarbeitet und im Gedächtnis behält.

P steht dabei für Preview = Vorausschau/Überblick und ist gleichzusetzen mit S von SQ3R. Die Schritte 1 bis 3 sind also bei beiden Methoden identisch.

Schritt 4: Reflect (R) = Nachdenken

Das ist der zusätzliche Schritt.

Sie denken beim Lesen über den Text nach und versuchen, Gegenargumente, Beispiele, Analogien zu finden. Sie stellen einen Bezug her zu dem, was Sie bereits wissen, ziehen eigene Schlussfolgerungen, beschaffen sich zusätzliche Informationen.

Schritt 5: Recite (R) = Wiedergabe

Auch nach Metzig und Schuster geben Sie die Informationen mit eigenen Worten wieder. Die zusätzliche Anforderung ist hier aber, dass die Wiedergabe in Form eines Vortrags erfolgt, den Sie sich selbst halten.

Diese Vorgehensweise hat mehrere Vorteile: Mit dem Vortrag zwingen Sie sich zum Nachdenken, zum Verarbeiten des Textes, und Sie tun etwas für Ihr Gedächtnis. Ein lauter Vortrag fördert die Konzentration, und wenn Sie ein Aufzeichnungsgerät mitlaufen lassen, haben Sie die Möglichkeit, sich selbst zu kontrollieren. Das laute und deutliche Sprechen in vollständigen, gut strukturierten Sätzen (einfach, klar, kurz, prägnant) ist bereits eine gute Vorübung für Referate, für mündliche und schriftliche Prüfungen.

Schritt 6: Review (R) = Rückblick

Zum Schluss gehen Sie den Text noch einmal durch, versuchen ihn als Ganzes zu sehen und sich an die wesentlichen Punkte zu erinnern. Verbinden Sie in Gedanken Fragen und Antworten. Können Sie die Fragen beantworten, die Sie anfangs gestellt haben?

Der vielfach nachgewiesene Erfolg derartiger Lese- bzw. Lerntechniken beruht darauf, dass

- die Gliederung des Stoffes deutlich wird;
- das Lernen des Stoffes aufgrund mehrerer Durchgänge auf einen größeren Zeitraum verteilt wird und verteiltes Lernen effektiver ist als massiertes Lernen;
- das Formulieren und Beantworten von Fragen zu einer aktiven Auseinandersetzung und Verarbeitung des Stoffes anregt;
- mit Hilfe der Fragen, die man noch im Kopf hat, der Text ein weiteres Mal durchgegangen, das heißt wiederholt wird.

Spätestens jetzt wird offenkundig, wie arbeitsaufwändig das geistige Durchdringen eines Textes ist. Lassen Sie sich von dem Zeitaufwand nicht abschrecken, langfristig ist Ihnen der Erfolg sicher.

Nicht selten habe ich von Studierenden gehört: Ja, wenn ich gut drauf bin, dann läuft das mit dem Arbeiten. Diese Einstellung führt dazu, dass Sie bisweilen tage-, oder gar wochenlang warten können, bis Sie gut drauf sind. Es ist aber unabhängig von der Stimmung sehr wohl möglich, sich zu der mit sich selbst vereinbarten Stunde an den Schreibtisch zu setzen und dann zu merken, wie sich Motivation und Interesse für das, was Sie tun, allmählich entwickeln.

7.

Das Referat/der Vortrag
Als guter Redner wird man nicht geboren

Bei der Überwindung der Redeangst haben Sie die Erfahrung gemacht, dass es sich um einen längerfristigen Prozess handelt, in dem Sie sich Schritt für Schritt einem von Ihnen gewünschten Verhalten annähern. Je häufiger Sie sich zuerst mit kurzen, dann mit längeren Beiträgen zu Wort gemeldet haben, desto leichter ist es Ihnen gefallen, sich zu beteiligen. Ihre Aufregung hat sich allmählich in Anregung verwandelt, und Sie sind mehr gespannt als angespannt.

Wenn Sie sich nun daran machen, Referate oder Vorträge zu halten, ist das eine neue Herausforderung und eine inhaltlich schwierigere und anspruchsvollere Aufgabe. Es geht darum, anderen Wissen zu vermitteln. Um das überzeugend zu können, benötigen Sie bestimmte Fähigkeiten. Diese Fähigkeiten sind nicht angeboren. Es ist nicht so, dass man sie entweder hat oder nicht hat, sondern sie können gelernt und geübt werden und entwickeln sich mit jedem Referat, das Sie halten.

Bei Zuhörern Interesse für ein Thema wecken zu können ist eine Fähigkeit, die weit über das Studium hinaus nützlich ist. Die Fähigkeit zu kommunizieren wird in immer mehr Berufen immer wichtiger. Der Anwalt muss überzeugend plädieren. Der Betriebswirt und Techniker muss eine neue Entwicklung, ein neues Produkt gegenüber Vorgesetzten und Kollegen und später auch gegenüber den Kunden überzeugend darstellen, Forscher und Entwickler müssen Anträge auf Fördermittel schlüssig begründen.

Im Studium bietet sich Ihnen die Möglichkeit, alles, was dazu gehört, um ein Anliegen erfolgreich zu präsentieren, herauszufinden, zu lernen und zu üben.

Sie sind jetzt durchaus in der Lage, der Versuchung zu widerstehen, einen großen Bogen um das Referat zu machen. In meinen Redetrainings ist die Übernahme eines Referats Bedingung, und ich kann bezeugen, dass alle dieses erste Mal überlebt und nicht selten mit diesem Schritt auch den Spaß an ihrem Studium entdeckt haben.

Für die Präsentation kann es kein Patentrezept geben, weil die ›Zutaten‹ zu diesem Rezept je nach Thema, Adressatenkreis und eigener Kompetenz unterschiedlich sind. Dennoch gibt es ein paar Regeln, die in jedem Fall gelten.

Eine unerlässliche Voraussetzung ist der Inhalt, Ihr Wissen, also dass Sie etwas zu sagen haben. Man sollte nicht über etwas reden, worüber man kaum etwas weiß oder was einen nicht interessiert, aber man darf als Student sehr wohl über ein Thema reden, von dem man noch nicht alles weiß.

Eine weitere wichtige Voraussetzung ist das methodische Vorgehen bei diesem Vorhaben, und darum soll es im Folgenden gehen.

Es ist ganz hilfreich, einmal systematisch zu beobachten, welche Referate von Kommilitonen oder Vorträge von Professoren bei Ihnen Interesse für das Thema wecken.

Aufgabe

Sie falten ein DIN A4-Blatt der Länge nach einmal, setzen über die eine Hälfte ein Plus, über die andere ein Minus und notieren jeweils, was Ihnen bei dem Vortrag gefallen hat und was Sie nicht so gut oder sogar schlecht gefunden haben.

Auf diese Weise finden Sie heraus, was einen Vortrag für Sie hörenswert macht, wann Sie gern und aufmerksam zuhören, und Sie können diese Merkmale beherzigen, wenn Sie selbst an der Reihe sind.

Denken Sie daran, dass das keine Sache ist, die Sie von jetzt auf nachher beherrschen, und dass es keinesfalls ausreicht zu wissen, worauf es ankommt, sondern dass Sie dieses Wissen übend anwenden. Es reicht, wenn Sie jedesmal auf einen Punkt achten und so Ihre Fähigkeiten von Referat zu Referat verbessern.

Das ist das Ziel, nicht der Anfang.

Die folgenden Hinweise sind als Anregungen für die Vorbereitung, Gestaltung und mündliche Präsentation von Referaten/Vorträgen gedacht.

Vorbereitung

Der Adressatenkreis

Es kommt entscheidend darauf an, dass Sie sich überlegen, wer Ihre Zuhörer sein werden, welche Interessen und welches Vorwissen sie haben, wie motiviert und engagiert sie sind, damit Sie sich auf sie einstellen können. Das lässt sich durch aufmerksames Beobachten in einem gemeinsamen Seminar vergleichsweise leicht herausfinden.

Realistischer Zeitplan

Treffen Sie eine Entscheidung, wie viel Vorbereitungszeit Sie sich für das Referat nehmen wollen. Das hängt selbstverständlich auch vom Stellenwert der Arbeit ab; so nimmt die Bearbeitung eines Textes im Grundstudium erfahrungsgemäß weniger Zeit in Anspruch als die Ausarbeitung eines Vortrags im Hauptseminar. Aber aufgepasst: Das gilt nur für den Inhalt. Für Methodik und Technik brauchen Sie bei den ersten Referaten mehr Zeit.

Angenommen, Sie reservieren sich für die Vorbereitung des Referats sechs Wochen Zeit, so könnten Sie diese folgendermaßen aufteilen:

- Recherche und Materialzusammenstellung   2 Wochen
- Strukturieren des Materials und
  vorläufige Gliederung der Rohfassung   1 Woche
- Formulieren der Rohfassung   1 Woche
- Überarbeiten und Erstellen des
  endgültigen Manuskripts   1 Woche
- Vorbereitung auf den mündlichen Vortrag   1 Woche

Ein fester Zeitplan hilft Ihnen, dass keine unendliche Geschichte aus der Vorbereitung wird. Das Material, das Sie in zwei Wochen gefunden haben, bildet die Grundlage für Ihr Referat und mehr nicht, wohl wissend, dass Sie mit mehr Zeit immer noch mehr finden könnten.

Da die Ressource Zeit und damit auch die Vorbereitungszeit für ein Referat begrenzt ist, gilt es sorgfältig abzuwägen, wofür wir sie nutzen. Wenn Sie noch länger nach Material suchen, geraten Sie mit den anderen Arbeitsschritten in Verzug. Bedenken Sie, wie Sie sich schaden, wenn Sie zwar einen exzellenten Text ausformuliert haben, aber keine Zeit mehr finden, eine ebenso exzellente Präsentation zu üben. Es ist, als ob Sie ein hochwertiges Geschenk in einer miserablen Verpackung überreichen. Aber auch umgekehrt gilt: Wenn der Inhalt nichts taugt, kann selbst die schönste Verpackung nicht über dessen Dürftigkeit hinwegtäuschen. Auf beides – Inhalt und Verpackung – kommt es an.

Oft steckt hinter dem Weitersuchen von Material nichts anderes als das Aufschieben des nächsten schwieriger erscheinenden Arbeitsschrittes. Erwarten Sie nicht, dass dieser Ihnen zwei, drei Wochen später leichter fällt. Also nehmen Sie sich in Acht vor der Versuchung des Aufschiebens (siehe Kapitel 6).

Hier sehen Sie ganz eindeutig die Vorteile, wenn Sie sich festlegen, einen Plan machen und sich dann daran halten.

Gehen Sie doch einfach einmal das ›Risiko‹ ein: Bereiten Sie ein Referat nach festgelegtem Zeitplan vor – mehr Zeit wollen Sie nicht drangeben, schließlich haben Sie noch andere Dinge vor. Ich vermute, das Ergebnis ist keinesfalls schlechter, höchstwahrscheinlich sogar besser, als wenn Sie ein Semester und außerdem die Ferien damit zugebracht hätten. Seien Sie mutig und finden Sie es heraus!

Nicht selten verändert eine solche Erfahrung die Einstellung zum Studium und zu sich selbst. Es macht einen großen Unterschied, ob Sie denken: »Das pack' ich nicht«, oder ob Sie entschieden ein Ziel mit dem Vorsatz ansteuern: »Was ich in der Zeit schaffe, das schaff' ich.«

Sie steigen in Ihrer Selbstachtung, das steigert Ihre Motivation, das wiederum bringt bessere Ergebnisse – Disziplin und Einsatz sind notwendig, oder: Von nichts kommt nichts.

Recherche und Materialsammlung

In der Regel werden im Seminar Materialien für die Referate ausgegeben oder zumindest genannt, so dass Anhaltspunkte für die ergänzende bzw. vertiefende Literatursuche gegeben sind.

Wenn Sie sich mit dem Thema schon beschäftigt haben, stellen Sie die Bücher, Aufsätze, Zeitungsartikel zusammen. Bei völligem Neuland lohnt der Gang in die Bibliothek. Dort können Sie im Stichwortkatalog oder in der Online-Recherche – die natürlich auch von heimischen PC aus möglich ist – nach Literatur suchen oder sich beraten lassen. Wertvolle Informationen können Sie bekommen, wenn Sie Personen oder Institutionen, die sich auf das betreffende Gebiet spezialisiert haben, direkt fragen oder anschreiben.

Schreiben Sie auch Ihre eigenen Ideen, Einfälle, Fragen und Thesen zu dem Thema auf, im Sinne eines Brainstorming: zuerst einmal alles sammeln und noch nicht kritisch bewerten.

In dieser Phase ist es wichtig, dass Sie den inneren Zensor ruhig stellen und Ihrer Phantasie freien Lauf lassen.

Strukturieren des Materials

Der nächste Schritt ist so zentral wie schwierig:

Das vorliegende Material ist zu bearbeiten und auf das Wesentliche zu konzentrieren. Das erfordert eine subjektive Entscheidung, und es ist immer möglich, dass das, was Sie für wichtig halten, sich nicht mit dem Urteil des Dozenten deckt. Sie sollten bei der Entscheidung darüber, was Ihnen wesentlich ist, Ihrer eigenen Urteilskraft vertrauen. Aber es kommt auch darauf an, dass Sie Ihre Thesen gut begründen und durch anschauliche Beispiele erläutern können. Wenn Sie unsicher sind, hilft eine Rücksprache beim Dozenten.

Nur wenn Sie Dinge vortragen, die Sie durchgearbeitet haben und die für Sie stimmig sind, kann sich auch den Zuhörern ein Sinn erschließen.

Gestaltung

Gliederung und Rohfassung

Sobald das Material gesichtet und die Reduktion auf das Wesentliche erfolgt ist, können Sie damit beginnen, Gliederung und Rohfassung Ihres Referats auszuarbeiten. Die Grobgliederung besteht, wie Sie wissen, im Allgemeinen aus Einleitung, Hauptteil und Schluss, aber auch jede andere Aufteilung, solange sie übersichtlich und in sich schlüssig ist, ist möglich.

Die Einleitung dient dazu, den Kontakt zu den Hörern herzustellen, unter anderem auch mit einem offenen Blick in die Runde, und Interesse für das Thema zu wecken, indem Sie begründen, warum sich die Beschäftigung mit dem Thema lohnt.

Mit einigen Leitfragen können Sie einen kurzen vorausschauenden Überblick über die Inhalte geben und zum Hauptteil überleiten.

Die Leitfragen bzw. grundlegenden Thesen Ihres Themas ziehen sich wie ein roter Faden durch den Hauptteil. Sie sollten ausführlich begründet und durch eine Darstellung der Pro- und Contra-Argumente, Beispiele oder Zitate erläutert und belegt werden.

Sie können auf die Leitfragen immer wieder Bezug nehmen und aufzeigen, wo Sie in Ihrer Argumentation gerade stehen.

Das hilft, die Struktur und den Aufbau des Referats zu verstehen, und das wiederum erleichtert das Zuhören.

Da man beim Zuhören im Gegensatz zur Lektüre nicht die Möglichkeit hat, eine schwierige Stelle noch einmal durchzulesen, sind einfache, klare, kurze, anschauliche Sätze bei Ihrem Vortrag doppelt wichtig. Verfallen Sie nicht dem Irrglauben, dass komplizierte, verschachtelte Satzkonstruktionen, in denen es von Fachausdrücken und Fremdwörtern wimmelt, mehr Wissenschaftlichkeit ausstrahlen.

Ihre Zuhörer wissen es auch zu schätzen, wenn Sie sich auf die neuen Informationen konzentrieren und diese so kurz und prägnant wie möglich und so ausführlich wie nötig darstellen. Wiederholen Sie sich nicht zu oft. Es ist schon eine arge Zumutung an die Geduld der Zuhörer, wenn der gleiche Sachverhalt immer wieder mit anderen Worten abgehandelt wird oder wenn Altbekanntes breitgetreten wird.

Außerdem können Sie Ihr Referat lebendiger gestalten,

- wenn Sie die Zuhörer direkt miteinbeziehen;
- wenn Sie die abstrakten Ausführungen durch konkrete Beispiele, bildhafte Vergleiche, eigene Erlebnisse anschaulich machen;
- wenn Sie komplizierte Zusammenhänge durch Analogien verständlich machen;
- wenn Sie da, wo es sich anbietet, eine Anekdote einfließen oder Ironie, Witz, Humor durchscheinen lassen;
- wenn Sie mit Wortspielen oder Paradoxien eine Aussage hervorheben.

Welche von diesen Anregungen angemessen und hilfreich sind, muss von Thema zu Thema, von Publikum zu Publikum, von Situation zu Situation entschieden werden.

Im Schlussteil können die wichtigsten Aussagen prägnant zusammengefasst, das Thema noch einmal in einen Zusammenhang mit bisher im Seminar erarbeiteten Ergebnissen gestellt, eine persönliche Stellungnahme deutlich gemacht oder ein Ausblick auf zukünftige Veränderungsmöglichkeiten, Entwicklungen gegeben werden.

Das Manuskript

Für den Anfang ist es hilfreich, wenn Sie Ihr Referat schriftlich ausarbeiten. Falten Sie Ihre DIN A4-Blätter der Länge nach. Auf der einen Hälfte steht der ausformulierte Text, auf der anderen stehen die entsprechenden Gliederungspunkte und wichtige Stichworte, genaue Formulierungen oder Daten.

In dieser Hälfte können auch ›Regieanweisungen‹ stehen, wie ›laut und deutlich sprechen‹, ›Pause machen‹, ›Fremdwort an die Tafel schreiben‹, ›Leute anschauen‹.

Diese Vorgehensweise gibt Ihnen die Möglichkeit, sich im freien Sprechen zu üben. Für den Fall, dass Sie ins Stocken oder Stottern geraten, können Sie den ausformulierten Text leicht zu Hilfe nehmen und sich so lange daran halten, bis Sie wieder sicher sind und frei weitersprechen können. Wenn Sie das im Wechsel machen, ist es allemal besser, als wenn Sie den Text ganz ablesen.

Sie wissen ja, dass die ganz normale Aufregung zu Beginn am größten ist und sich nach drei, vier Minuten des Sprechens legt. Deshalb ist es für den Start nützlich, wenn Sie sich die einleitenden Sätze gut einprägen. Es ist ebenfalls von Vorteil, wenn Sie den Schluss in eingängigen Formulierungen, mit denen Sie Ihre Thesen bzw. Erkenntnisse noch einmal auf den Punkt bringen, im Kopf haben und möglichst nicht vom Manuskript ablesen müssen.

Wenn Sie die Gliederungspunkte und wichtigen Stichworte leicht erkennbar hervorheben, können Sie sich an ihnen entlangarbeiten, flexibler auf die Zuhörer reagieren und je nach Bedarf den einen Punkt ausführlicher behandeln, den anderen kürzer, ohne dass Sie Gefahr laufen, den roten Faden zu verlieren.

Verwendung von Hilfsmitteln

Mit Hilfsmitteln kann man die Wirkung des Gesagten unterstützen. Grundsätzlich gilt: Je mehr Sinne angesprochen werden, umso besser lassen sich die Inhalte eines Referats verstehen und behalten. Wenn Sie beispielsweise Zusammenhänge in einer einfachen Zeichnung oder einem Schema skizzieren oder wichtige Namen und Fachbegriffe an die Tafel schreiben, erleichtern Sie Ihren Zuhörern die Aufnahme. Dabei sollten Sie sich merken: gut lesbar und übersichtlich schreiben und nicht zu lange mit dem Rücken zu Ihren Zuhörern stehen.

Sofern Sie Folien vorbereiten, sollten Sie sich gut überlegen, welche Informationen sich dafür eignen, zum Beispiel Illustrationen, übersichtliche Tabellen, Kurvenverläufe, Säulen- und Tortendiagramme – also Anschauungsmaterial, das gar nicht verbal vorgetragen werden könnte.

Da, wo es möglich ist, sollten Sie die Darstellung nur in Grundzügen anlegen und sie dann erst während des Vortrags mit Zahlen, Linien usw. vervollständigen. Auch eine Folie, die Ihren Vortrag durch optische Gliederungen und Hervorhebungen strukturiert, kann gute Dienste tun.

Viele Kommilitonen wünschen sich ein Thesenpapier getreu dem Motto: »Was du schwarz auf weiß besitzt, kannst du getrost nach Hause tragen.« Es enthält zusätzlich zu den Gliederungspunkten kurz und prägnant die Kernaussagen, nicht dagegen die Fakten und Beispiele, mit denen Sie Ihre Thesen begründen. Diese tragen Sie mündlich vor, so dass von den Zuhörern volle Aufmerksamkeit verlangt ist, wenn sie auf dem Thesenpapier eigene Notizen über weitere wichtige Inhalte machen wollen – die Spannung bleibt erhalten.

Noch einmal zurück zu den Folien: Sie sollten darauf achten, dass die Aufmerksamkeit der Zuhörer nicht zwischen Folie und Vortrag hin- und hergerissen wird. Solange die Folie aufliegt, sollte sich das, was Sie sagen, erläuternd auf diese beziehen, indem Sie direkt darauf zeigen oder mit Farben markieren. Dassselbe gilt für Powerpoint-Präsentationen.

Ein genaues ›Drehbuch‹ für Reihenfolge und Zeitpunkt des ›Auftritts‹ und ›Abgangs‹ von Folien oder präsentierten Seiten sollte vorliegen und im Manuskript vermerkt sein.

Vergewissern Sie sich auch im Vorhinein, dass Overhead-Projektor oder Labtop und Beamer funktionierten und richtig eingestellt sind. Bei Außerachtlassung dieser Punkte kann sich das Gute der Technik leicht ins Gegenteil verkehren.

Mündliche Präsentation

Üben

Wenn das Referat rechtzeitig steht – nach dem oben skizzierten Plan eine Woche vor dem eigentlichen Termin –, dann haben Sie den Vorteil, dass Sie es probehalten können, entweder vor dem Spiegel mit laufendem Aufzeichnungsgerät und/oder vor einer Person oder mehreren Personen.

Die folgenden Kategorien sind bei der Beurteilung der Wirkung nützlich:

(1) Denkstil

Damit ist gemeint

– die äußere Übersichtlichkeit (Gliederung), also klare Unterteilung in verschiedene Abschnitte und
– die innere Folgerichtigkeit (Ordnung), also klarer sachlogischer und psychologischer Aufbau.

(2) Sprachstil

Hier geht es um

– die Wortwahl (Genauigkeit, Verständlichkeit, Erklärung von Fachausdrücken und Fremdwörtern) und
– den Satzaufbau (einfach, kurz, anschaulich, klar).

(3) Sprechstil

Darunter fallen

– Stimme, Satzmelodie,
– Lautstärke, Betonung,
– Geschwindigkeit, Pausen,
– Deutlichkeit.

(4) Schauform

Hierher gehören

- Mimik (Blickkontakt),
- Gestik (natürliche, den Text unterstreichende Bewegungen),
- Haltung (Lockerheit),
- angemessene Kleidung – darauf kommt es bei einer Bewerbung oder einem großen öffentlichen Auftritt auch an.

Sie können Ihren Probe-Zuhörern den folgenden Beurteilungsbogen (hier ausgelegt für sechs Vortragende) in die Hand drücken, auf dem diese vermerken, was ihnen zu den vier Kategorien bei Ihrem Probe-Vortrag auffällt. Auf dem zweiten hier abgedruckten Formblatt können Sie sich die Änderungsvorschläge notieren. Es ist durchaus nicht so, dass Sie alle Anregungen aufgreifen müssen, sondern Sie bestimmen, was zu Ihnen passt, womit Sie sich gut fühlen – authentisch muss es sein.

Es bleibt nicht aus, dass Sie für bestimmte Fragen ›betriebsblind‹ werden, wenn Ihre Gedanken lange um dasselbe Thema kreisen. Um grobe Fehler möglichst auszuschließen, sollten Sie die Probe-Runde auffordern, mit einem unbefangenen Blick von außen Kritik zu üben und Verbesserungsvorschläge zu machen. Das wird sich positiv auf Ihre Selbstsicherheit beim Vortragen auswirken.

Mit diesem – ich will gern zugeben: arbeitsintensiven – Vorgehen können Sie inhaltliche Schwächen, Unklarheiten, unscharfe Formulierungen sowie eigene Unsicherheiten erkennen und ausmerzen. Und vor allem können Sie feststellen, ob Sie mit der zur Verfügung stehenden Zeit hinkommen. Das können Sie auf keine andere Weise als durch vorheriges Üben lernen. (Zum Umgang mit der Zeit folgt gleich mehr.)

Wenn Sie das Referat schon ein oder mehrere Male gehalten haben, dann ist es Ihnen im Ernstfall so vertraut, dass Sie die Aufregung unter Kontrolle und viele Valenzen frei haben für eine gute Präsentation.

Andernorts wird das Üben in der freien Rede seit langem ernst genommen. So gibt es im Old College, dem Sitz der

101

Beurteilungsbogen			
Denkstil	Sprachstil	Sprechstil	Schauform

	Aktueller Stand		Neue Erkenntnisse	
	Positiv	Negativ	Verbesserungs-vorschläge	Worauf will ich als nächstes achten
Denkstil				
Sprachstil				
Sprechstil				
Schauform				

juristischen Fakultät der Universität Edinburgh, seit 1787 Debattierclubs, in denen Studierende diese Fertigkeit üben.

Jeweils zwei Redner für Pro und für Contra eines Themas versuchen, innerhalb von zehn Minuten die Versammlung auf ihre Seite zu schlagen. Mit der Stimmabgabe in Form von roten Glaskügelchen wird der Favorit bestimmt. Als Diskussionsgegenstand eignet sich alles, worüber sich trefflich streiten lässt. Nebensächlich ist, wer Recht hat, und der Reiz der Rede liegt oft darin, dass der Verfechter einer Sache womöglich privat ganz anderer Meinung ist.

Das ist – trotz der unterschiedlichen historischen und kulturellen Prägungen – eine nachahmenswerte Form des Übens. Die Praxis rethorischer Wettbewerbe hat sich inzwischen auch hierzulande an einer Reihe von Unis etabliert.

Umgang mit der Zeit

In der Kirche, aber auch in manchen Vereinigungen gilt die Regel: Man kann über alles reden, aber über nichts länger als 20 Minuten. Das ist wohl ein erprobter, jedoch nicht absoluter Erfahrungswert für Konzentration und aufmerksames Zuhören. Denn die angemessene Dauer hängt von der jeweiligen Redesituation ab. Für ein fachliches Referat kommt es zudem auf die Vorgaben des Dozenten an. Jedenfalls sollten Sie 45 Minuten auf gar keinen Fall überziehen – eher weniger – und dann, nach kurzer Pause, die Möglichkeit für Fragen bzw. zur Diskussion geben.

Die Videoaufzeichnungen veranschaulichen eindrücklich den Unterschied zwischen Vortrag, bei dem Haltung, Gesichtsausdruck und Gesten noch etwas angespannt oder verhalten sind, und Diskussion, bei der die meisten durch den direkten Kontakt mit den anderen lebendiger und frischer wirken. Sie brauchen sich davor also nicht zu fürchten.

Sie sollten zu Beginn Ihres Referats klarstellen, ob Sie Zwischenfragen zulassen oder ob diese notiert und erst am Ende des Vortrags gestellt werden sollen. Sie können es so oder so machen, es gibt kein Besser oder Schlechter. Für den Anfang halte ich es für einfacher, wenn Sie erst einmal alles referieren und dann in die Diskussion einsteigen.

Da sich nicht alles vorausplanen lässt, sollten Sie sich schon vorher überlegen (und im Manuskript markieren), welche Teile Ihres Referats Sie notfalls überspringen oder kürzen können, wenn die Zeit knapp wird, ohne dass dadurch die Verständlichkeit und die Kernaussagen Ihrer Ausführungen beeinträchtigt werden. So kann es Ihnen gelingen, sich flexibel an die Zeit anzupassen, und die Zuhörer bekommen nicht einmal mit, dass Sie ›spontan‹ Streichungen vorgenommen haben. Mit der Konzentration auf das Wesentliche halten Sie sich an das Motto: Weniger ist oft mehr.

Diskussion

In der Diskussion können Sie vieles von dem, was Sie an Material gesammelt, aber aus Zeitgründen nicht ins Manuskript aufgenommen haben, zur Untermauerung oder zur Ergänzung Ihrer Thesen anbringen. Dieser Fundus gibt Ihnen Sicherheit für die Diskussion. Sie nutzen ihn anhand der Fragen Ihrer Zuhörer.

Diskussionsstil

Bei der Diskussion ist zu beachten, dass

- jeder jeden ausreden lässt,
- jeder jedem genau zuhört,
- man sich vergewissert, ob man richtig verstanden hat.

So kann man Missverständnissen, die oft der Anlass für einen unergiebigen Diskussionsverlauf sind, vorbeugen.

Rückmeldung

Sie haben Ihr Referat in der Erwartung gehalten, den Zuhörern damit etwas Brauchbares vermittelt zu haben, und möchten nun selbstverständlich etwas zurückerhalten.

Durch die Reaktionen Ihrer Zuhörer während des Referats und bei der Diskussion erhalten Sie wichtige Rückmeldungen, wie Ihr Vortrag angekommen ist. Hüten Sie sich aber vor zu vielen Mutmaßungen und fragen Sie lieber nach.

Auf jeden Fall sollten Sie ein persönliches Gespräch mit dem betreuenden Dozenten führen (und wenn Sie ihm dazu auf die Bude rücken müssen), der Ihnen offen und ehrlich sagen soll, was Sie gut gemacht haben und was nicht so gut oder sogar schlecht war. Daraus können Sie dann ableiten, was Sie beim nächsten Mal anders machen wollen. Überlegen Sie sich auch, wie Sie es konkret anders machen können.

Umgang mit Lob und Kritik

Nach meinem Eindruck scheint für Studierende der Umgang mit Lob fast genauso schwierig zu sein, wie der Umgang mit Kritik. Erhalten sie ein Lob, reagieren sie häufig verlegen und gehen schnell dazu über, die eigene Leistung als klein und unbedeutend abzuwerten. Dabei ist es so einfach, die Anerkennung zu hören, anzunehmen und sich dafür zu bedanken! Man muss deshalb ja trotzdem nicht gleich völlig abheben.

Wird Kritik geübt, so vergisst der Kritisierte häufig, dass sich die Kritik, wie mehrfach betont, in den meisten Fällen nur auf ein bestimmtes Verhalten oder eine bestimmte Aussage, nicht aber auf die ganze Person des Vortragenden bezieht.

Es kann vorkommen, dass ein Kritiker es tatsächlich darauf abgesehen hat, Sie persönlich abzuwerten oder lächerlich zu machen. In einem solchen Fall sollten Sie daran denken, dass die unsachliche Kritik mehr über den Kritiker aussagt als über Sie. Das lassen Sie an sich abperlen!

8.

Die Prüfung
Der Versagensangst den Wind aus den Segeln nehmen

Haben Sie sich die bisher beschriebenen Methoden und Techniken erarbeitet und von Semester zu Semester mehr zu eigen gemacht, dann haben Sie auch gute Vorarbeit für die Zwischen- und Abschlussprüfungen geleistet. Die Aufgeregtheit und Besorgtheit, das alles nicht zu packen, dürften sich in Grenzen halten.

Sie haben sich mit Hilfe von Kapitel 6 einen routinierten, auf Ihre individuellen Bedürfnisse zugeschnittenen Arbeitsstil zugelegt und können einschätzen, was Sie sich zumuten können, wie viel Zeit Sie für die Prüfungsvorbereitung brauchen bzw. was in der zur Verfügung stehenden Zeit vordringlich getan werden muss. Auch wenn Sie nicht alles wissen (und auch nicht wissen müssen, um eine Prüfung zu bestehen), haben Sie mehr Sicherheit über das, was Sie wissen.

Mit Kapitel 4 haben Sie gelernt, wie man statt unrealistischer, selbstbezogener und negativer Selbstgespräche einen inneren Dialog führt, der realistisch, aufgabenbezogen und positiv ist. Sie können Angstbilder stoppen und sie durch konstruktive Gegenbilder ersetzen.

Sie können sich nun die Prüfungssituation in Einzelheiten und möglichen Bedrohungen vorstellen und sich im Voraus überlegen, wie Sie darauf – sollte das eine oder andere tatsächlich eintreten – reagieren wollen.

Sie haben in Kapitel 3 erfahren, dass Sie sich mit Entspannungsübungen Stresssituationen erleichtern können.

Schließlich haben Sie durch Ihre Redeübungen und Referate

(Kapitel 5 und 7) sowie das Feedback darauf Informationen über Ihren Leistungsstand und Ihre Wirkung bekommen und damit zugleich etwas gegen die Prüfungsangst getan.

Anders formuliert: Die Ursache von Prüfungsangst liegt häufig in einer schlechten Organisation des Studiums. Dies kann bedeuten, dass Inhalte prüfungsrelevanter Fächer vernachlässigt worden sind. Es kann auch heißen, dass schwierige Klippen weitestgehend vermieden und verdrängt worden sind – etwa das Halten von Referaten –, so dass dann, wenn es darum geht, Farbe zu bekennen – in der Prüfung –, die Unsicherheit über Leistungsstand und Fertigkeiten nicht mehr wegzuwischen ist. Wer glaubt, er sei nicht genügend vorbereitet, kann ein Versagen nicht ausschließen. Und schon ist die Angst da.

Ein extremes Beispiel: Ein Student hat sich bis zu seinem 14. Semester darum herumgemogelt, auch nur eine einzige schriftliche Arbeit anzufertigen und dann die Beratungsstelle aufgesucht, weil er mit seiner Magisterarbeit hoffnungslos stecken geblieben ist.

So wie beim Referat eine moderate Aufregung für ein dynamisches, engagiertes Sprechen wichtig ist, weiß man aus psychologischen Untersuchungen zur Prüfungsangst, dass eine milde Angstreaktion die intellektuellen Fähigkeiten stimuliert und zum Lernen motiviert.

Die Angst signalisiert eine potentielle Gefahr – nämlich durchzufallen –, und dies setzt eine Realitätsprüfung – wo stehe ich – und Problemlösungsprozesse – was ist zu tun, damit ich bestehe – in Gang.

Die Angst vor einem Referat unterscheidet sich von der Angst vor einer Prüfung hinsichtlich der Bedeutung. Ein gutes oder aber verpatztes Referat entscheidet über den Erfolg bzw. Misserfolg eines Scheins, eine gute oder verpatzte Prüfung über den Erfolg bzw. Misserfolg eines ganzen Studiums.

Doch ist auch ein Scheitern einer Prüfung im ersten Anlauf keine Katastrophe. Es gibt Hinweise, wo das Brett zu dünn oder falsch gebohrt worden ist, und die aufgezeigten Schwachstellen lassen sich – wenn auch mit zusätzlichem

Zeit- und Finanzierungsaufwand – korrigieren. Wiederholung ist möglich und ausdrücklich in der Prüfungsordnung festgeschrieben.

Prüfungsplanung

Zum erfolgreichen Bestehen einer Prüfung gehören

– eine gute inhaltliche Vorbereitung und
– eine gute physische und psychische Verfassung.

Sich genug Wissen anzueignen ist ein Teil der Vorbereitung. Im Augenblick der Prüfung fit zu sein, dieses Wissen auch optimal darzubieten, ist ein weiterer, mindestens ebenso wichtiger Teil.

Da Prüfungen zu einem bestimmten Zeitpunkt stattfinden, bekommt die Zeit- und Arbeitsplanung eine noch größere Bedeutung als sonst im Studium. Wenn Sie bereits während des Studiums Ihren eigenen Arbeitsstil entwickelt haben, dann geht es jetzt nur noch darum, ihn in einigen Punkten zu optimieren. Sollte das nicht der Fall sein, ist auch noch nichts verloren. Dann wird eine präzise Planung und ihre strikte Einhaltung nur umso wichtiger. Fangen Sie jetzt jedoch nicht an, mit Neuem herumzuexperimentieren.

Wenn Sie gleichzeitig Geld für Ihr Studium verdienen müssen, dann ist die Zeit, die Sie damit zubringen, auch in Ihrem Arbeitsplan zu berücksichtigen; sie steht als Vorbereitungszeit nicht zur Verfügung. Es ist wichtig, dass Sie sich an den Realitäten orientieren, sonst kommen Sie in Teufels Küche.

Angenommen, die Prüfung findet in einem halben Jahr statt und umfasst fünf Fächer, dann haben Sie für jedes Fach einen Monat Zeit. Möglicherweise ist eins in zwei Wochen zu schaffen, dafür benötigen Sie für ein anderes sechs Wochen.

Ein Monat verbleibt als zeitlicher Puffer, wenn es zu Ausfällen kommt, etwa durch eine Erkältung, eine Krise oder eine Einladung. Irgendetwas Unvorhergesehenes taucht immer auf.

Wenn das nicht eingeplant ist, ist die ganze Zeiteinteilung schon beim ersten Zwischenfall nicht mehr viel wert.

Wenn wir bei dem Beispiel bleiben, ist der Zeitrahmen von einem Monat das Maß für die Stoffauswahl eines Fachs. Sobald Sie diese getroffen haben, teilen Sie den Stoff auf vier Wochen auf. Das Wochenpensum wird auf fünf Tage verteilt, ein Tag wird als Zeitreserve freigehalten, einer ist zur Erholung da. Wenn die Zeit zu knapp wird, ist der Stoff zu reduzieren.

Es hat keinen Sinn, den Erholungstag auch noch zum Arbeitstag zu machen. Gerade wenn Sie über einen längeren Zeitraum konzentriert arbeiten müssen, ist es außerordentlich wichtig, dass Sie für ausreichend Erholung und Entspannung sorgen. Sport zu treiben und sich mit Freunden zu treffen oder gemeinsam etwas Schönes zu unternehmen, ist kein Luxus, den Sie sich jetzt nicht leisten können, sondern eine notwendige Voraussetzung, dass Sie körperlich fit und psychisch gut drauf bleiben. Sie erreichen viel mehr, wenn Sie Ihre guten inneren Stimmen zu Wort kommen lassen und die verurteilenden, strafenden – so sie denn auftauchen – unverzüglich zurückweisen. Sie werden die Erfahrung machen, dass Sie sich nach einem solchen Erholungstag gut motiviert und mit neuer Energie an den Schreibtisch setzen.

Richtige Prüfungsvorbereitung ist Schwerstarbeit und dazu braucht man rund 20 Prozent der Zeit für Erholungspausen.

Am besten machen Sie für jedes Fach ein »Mind Map« (Kirkhoff, 1992). Das ist ein graphisches Ordnungs- und Strukturierungsverfahren. Informationen, Kenntnisse, theoretische Ansätze können systematisch gruppiert und miteinander in Beziehung gesetzt werden. Im Zentrum steht das Kernwort, in diesem Fall das Fach. Die wichtigsten Gebiete, die zum Fach gehören, werden als ›Äste‹ direkt angefügt. An die Hauptäste lassen sich wiederum Zweige anbringen, die untergeordnete Gesichtspunkte beinhalten. Diese können sich weiter verzweigen.

Zur Veranschaulichung finden Sie hier ein Mind Map, das ich für die Strukturierung von Kapitel 7 angelegt habe.

Wenn Sie ein Mind Map über ein Fach mit Hilfe Ihres

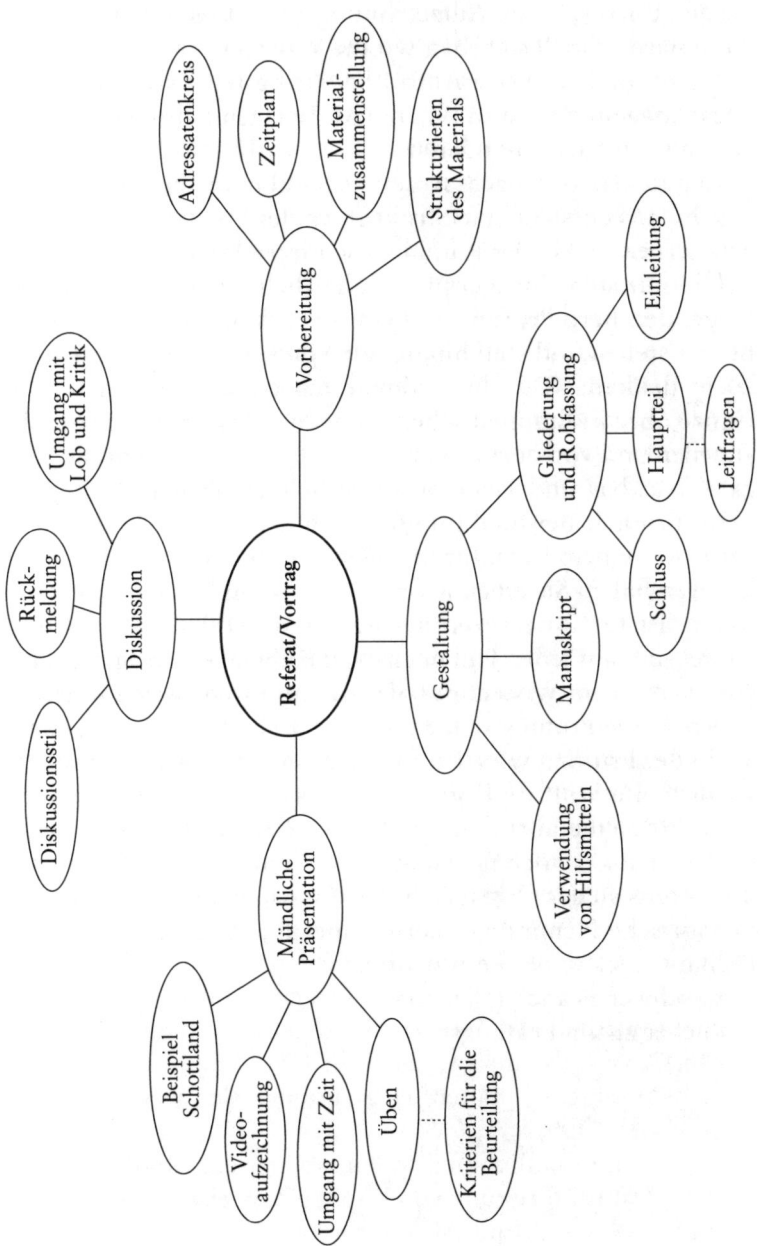

Gedächtnisses, Ihrer Aufzeichnungen und Skripten anlegen, dann wird schnell sichtbar, wo Ihr Wissen liegt, wo Ihre Stärken sind, und wo noch Auffüllbedarf besteht. Sie können die Ergänzungen, die Sie an Ästen und Zweigen anbringen, mit einer anderen Farbe markieren.

Zugegeben, das macht Arbeit. Aber über die Planungsgrundlage hinaus entsteht eine Struktur, an der Sie sich beim folgenden Lernen und in der Prüfung orientieren können.

Hiermit steht Ihr Zeitplan. Inhaltlich gibt es verschiedene Wege, den Berg Prüfung zu besteigen. Wenn Sie am Fuße des Berges stehen und steil hinauf zur Spitze schauen, können Sie leicht denken: »Da oben komme ich nie an«. Wenn Sie das Ganze aber in Etappen sehen, zunächst das erste Etappenziel anpeilen und von dort das zweite usw., dann erscheint die Aufgabe machbar, und Sie kommen tatsächlich oben an.

In unserem Beispiel könnte das heißen: Jedes Etappenziel entspricht einem Fach, für den Weg von einem Etappenziel zum anderen haben Sie einen Monat Zeit. Wenn Widrigkeiten auftreten, ist für Reservezeit gesorgt, und bei Ankunft auf dem Gipfel sind auf jeden Fall noch zwei Ruhetage einzuhalten, bevor Sie mit dem Wissen, das Sie sich auf Ihrem Weg angeeignet haben, in die Prüfung steigen. Das ist deshalb so wichtig, damit Sie in der Prüfung wirklich fit sind, und damit sich der zuletzt wiederholte Stoff im Kopf noch etwas setzen kann und dann ohne Probleme abrufbar ist. Lernt man nämlich bis zuletzt, vielleicht sogar noch neuen Stoff, so kann das den Zugriff auf das bereits sicher abgespeicherte Wissen empfindlich stören – ekphorische Hemmung oder Erinnerungshemmung heißt der Fachausdruck in der Lerntheorie.

So schwer es auch fallen mag:
Bücher zu am Prüfungstag!

Prüfungsspirale (nach Kugemann)

Im Folgenden werde ich ein Stufenprinzip skizzieren, bei dem der Prüfungsstoff in mehreren Stufen bearbeitet, dadurch wiederholt und immer mehr kondensiert wird.

Ziel ist es, das Fach in einer halben Stunde – wenn die mündliche Prüfung zum Beipsiel so lange dauert – in seiner ganzen Breite greifbar zu haben.

1. Stufe: Vorbereiten (3 Tage/Fach)

Den ersten Tag verwenden Sie für Planung und Organisation des Lernstoffs. Dazu gehört die Beschaffung fehlender Literatur oder das Kopieren wichtiger Aufsätze und vor allem das Anfertigen des oben erläuterten Mind Map. Anschließend verschaffen Sie sich einen Überblick über den prüfungsrelevanten Stoff des Faches. Vorausgesetzt, dass Sie die Lehrveranstaltungen kontinuierlich vor- und nachbereitet haben, müssen Sie nicht alles noch einmal lernen, sondern nur so viel dazu lernen oder auffrischen, dass Sie die Inhalte wiedergeben können. Vergessen bedeutet ja zum Glück nicht, dass man etwas völlig verloren hat, sondern nur, dass die Spuren nicht ausreichen, um Inhalte spontan zu reproduzieren.

2. Stufe: Aufbereiten (2 Wochen/Fach)

Ziel dieser Stufe ist es, den Stoff durch gute Aufbereitung übersichtlicher und kompakter zu machen, etwa durch Strukturieren, Weglassen von Überschneidungen und Wiederholungen, Verkürzen auf Stichworte.

Diese Arbeit ist die Hauptarbeit bei der Prüfungsvorbereitung, harte Arbeit; sie nimmt die meiste Zeit in Anspruch. Hier ist Ihr Mind Map hilfreich. Sie teilen das Mind Map in zehn ungefähr gleich umfangreiche Abschnitte – einen pro Tag. Jeden Tagesabschnitt unterteilen Sie weiter, in etwa zwölf Halbstundenthemen, zum Beispiel vormittags und nachmittags je sechs. Jede dieser zwölf inhaltlichen Einheiten fassen Sie schriftlich zusammen auf eins bis zwei Karteikarten. Das bedeutet, dass Sie pro Tag zwölf bis 24 Karteikarten, für den Zeitraum von zehn Tagen 120 bis 240 Karteikarten für ein Fach anlegen.

Selbstverständlich können Sie den Stoff auch ohne Mind Map in Abschnitte einteilen, allerdings verzichten Sie dann auf dessen Strukturierungsvorteile.

3. Stufe: Einprägen (1 Woche/Fach)

In dieser Phase haben Sie das Ziel, noch weiter zu verkürzen und den Stoff zu lernen.

In der Aufbereitungsphase war es noch möglich, Einfügungen oder Ergänzungen, beispielsweise aus einem Lehrbuch, anzubringen. Jetzt ist der Stoff abgeschlossen, es wird nichts Neues mehr aufgenommen. Machen Sie sich das zur eisernen Regel, und haben Sie Mut zur Lücke. Ergänzen und hinzufügen kann man in der Wissenschaft ohne Ende. Sie kämen dann nie zur Prüfung.

Die Aufgaben bestehen jetzt im Wiederholen und Einordnen anhand der Karteikarten und in der Wissenskontrolle, das heißt Sie überprüfen Lernerfolg und Verständnis mit Hilfe von bekannten oder selbst formulierten Prüfungsfragen.

Am besten halten Sie das Ergebnis dieser Stufe auch wieder auf Übersichtskarteikarten fest, aber nur noch in Stichworten, auf ungefähr 15 bis 25 Karten pro Fach.

Neben der Zusammenfassung sollte das Einprägen aus einem Wechsel von Wiederholen, Klären von Verständnisproblemen, Bearbeiten von Prüfungsfragen und deren Auswertung bestehen.

Wenn die Antwort richtig war, können Sie zufrieden sein, wenn Sie die richtige Antwort nicht wussten, erhalten Sie dadurch gute Hinweise auf noch bestehende Lücken oder mangelhafte Grundlagen, die jetzt noch auszumerzen sind, in der Prüfung dann nicht mehr.

4. Stufe: Abschließendes Wiederholen (2 Tage/Fach)

Ziel ist es, die 15 bis 25 Übersichtskarteikarten noch einmal durchzugehen, bei Unklarheiten auf die detaillierten Prüfungskarteikarten der einzelnen Themen zurückzugreifen und falsche Antworten noch ein letztes Mal zu analysieren bzw. zu berichtigen.

Das ständige Wiederholen und Überprüfen des Wissens in immer kürzeren Abständen führt dazu, dass Sie sich schließlich dem Ernstfall stellen wollen – Sie sind prüfungsreif.

Dieses Stufenprinzip ist auf ein Fach nach dem anderen anzuwenden, es lässt aber auch die Möglichkeit, in jeweils einer Stufe alle oder doch mehrere Fächer nebeneinander zu bearbeiten. Das richtet sich nach den individuellen Vorlieben. Man kann auch am Vormittag, wenn der Kopf ausgeruht und klar ist, ein schwieriges Thema bearbeiten, und am Nachmittag eines, das mehr Spaß macht, sozusagen als Belohnung für die Durststrecke.

Der sechste Monat ist, wie gesagt, für ›Unvorhergesehenes‹ reserviert, so wie man auch sonst für jedes größere Projekt, wie etwa ein Bauvorhaben, einen Zeitpuffer einplant. Er sollte in der Regel zehn Prozent bei Routine-Projekten betragen. Da für Sie die Prüfung jedoch keine Routine ist, ist er im Beispiel reichlicher bemessen. Aber lassen Sie sich dadurch nicht zum ›Schlumpern‹ verleiten.

Wenn die Zeit bis zur Prüfung kürzer oder länger als die beispielhaft angenommenen sechs Monate ist, wird für die einzelnen Stufen im Verhältnis weniger bzw. mehr Zeit veranschlagt und der Stoff entsprechend eingegrenzt bzw. ausgeweitet. Denn das entscheidende Planungskriterium ist die zur Verfügung stehende Zeit und nicht die vorhandene Menge des Stoffs.

Nach meinen Erfahrungen ist dieses Vorgehen besonders hilfreich, wenn die Zeit knapp ist, weil es einen – konsequent angewendet – zwingt, sich auf das Wesentliche zu konzentrieren, und unterbindet, dass man sich im akribischen Herumdoktern am Detail verliert.

Prüfungssituation

Da Sie dieser Situation in der Regel nur einmal in der Mitte Ihres Studiums – Zwischenprüfung/Vordiplom – ausgesetzt sind und dann erst wieder am Ende dieses Abschnitts, ist es ganz normal, dass Sie Angst und Stress empfinden. Hilfreich für den Umgang mit diesen Gefühlen ist es, wenn Sie sich mit dieser Situation auseinander setzen.

- Reden Sie mit anderen über Ihre Gefühle. Fragen Sie Ihre Kommilitonen, wie es ihnen ergeht, wenn sie die Prüfung noch vor sich haben, oder nach den Erfahrungen, wenn sie schon Prüfungen gemacht haben.
- Häufig sind mündliche Prüfungen öffentlich, das heißt, Sie können sich hinten in den Prüfungsraum setzen und ein reales Bild vom Verlauf bekommen. Das wirkt in vielen Fällen entschärfend.
- Es ist von Vorteil, wenn Sie etwas mehr über den Prüfer wissen und sich auf ihn einstellen können, das heißt, wenn Sie ihn aus einem oder mehreren Seminaren kennen, wenn Sie wissen, wie er mit bestimmten Situationen umgeht, welche Fragen er stellt, welche Positionen er vertritt.
  In einem Vorgespräch, zu dem Sie sich vorher angemeldet haben, können Sie ihn außerdem fragen, wie er die Prüfungssituation handhabt.
- Es hat sich auch sehr bewährt, zusammen mit anderen die Prüfung möglichst realitätsnah zu simulieren, falls möglich auf Video aufzuzeichnen und anschließend auszuwerten.
  Im Prinzip ist hier alles relevant, was zur mündlichen Präsentation von Referaten ausgeführt worden ist (Kapitel 7). Sie werden auf Unklarheiten, Schwächen, Fehler aufmerksam und können diese noch verbessern; und Sie machen sich mit der Prüfungssituation vertraut und gewinnen an Sicherheit.
- Sie können auch einen ›inneren‹ Film von Ihrer Prüfung drehen und sich vorstellen, wie Sie sich von der ersten bis zur dreißigsten Minute erleben möchten. Konzipieren Sie das in allen Einzelheiten und lassen Sie diese Bilder immer wieder

an Ihrem inneren Auge vorbeiziehen (mentales Training, siehe Kapitel 4). Selbstverständlich geht diese Methode Hand in Hand mit der entsprechenden Vorbereitung, die ein solches Auftreten möglich macht. Dazu gehört auch, dass Sie sich ein realistisches Bild von sich selbst in der Prüfung machen und Größenphantasien wie ›ganz groß rauskommen‹, oder ›diese Prüfung soll dem Prüfer lange im Gedächtnis bleiben‹, unterbinden.

- Vor allem ist wichtig, dass Sie sich in dieser Situation wie ein Gesprächspartner und nicht wie ein Opfer fühlen. Schließlich haben Sie sich lange intensiv vorbereitet und verfügen über das eine oder andere Wissensdetail, das selbst für den Prüfer neu sein könnte.

Konzentrieren Sie sich voll auf das Thema, geben Sie selbstbewusst eine Frage zurück, wenn Ihnen ›im Moment dazu die Antwort nicht einfällt‹, und denken Sie nicht eine Sekunde daran, welche Auswirkung das für das Ergebnis haben könnte, sondern bleiben Sie voll am Ball des Prüfungsgeschehens.

Machen Sie sich klar, dass nicht nur Sie, sondern in gewisser Weise auch der Prüfer auf dem Prüfstand steht. Prüfen will nämlich ebenfalls gelernt sein, und schließlich wird offenbar, was er seinen bzw. sie ihren Studenten und Studentinnen hat vermitteln können.

- Phasen der Prüfungsvorbereitung sind oft Zeiten der Isolation. Hier kann eine Arbeitsgruppe gute unterstützende Dienste leisten. Selbstverständlich muss sich jeder das Wissen selbst erarbeiten, aber in ein bis zwei wöchentlichen, im Zeitplan festgelegten Sitzungen kann man sich über das Gelernte austauschen, Fragen klären, Lösungen für Schwierigkeiten finden. Arbeitsgebiete lassen sich aufteilen, um so gemeinsam mehr Stoff zu bewältigen. Dies setzt voraus, dass die Arbeitsmoral bei allen stimmt und Verpflichtungen eingehalten werden.

Eine weitere wichtige Funktion der Arbeitsgruppe ist, dass sich alle in der gleichen Situation befinden und in jeweilige Befindlichkeiten einfühlen und darüber verständigen können. Da sich die Einschätzung, der Prüfung mehr oder weniger gewachsen zu sein, in Wellen bewegt, die Wellen aber nicht bei allen gleich verlaufen, kann man sich bei einem Durchhänger wechselseitig ermutigen und unterstützen. Es ist ungeheuer entlastend zu erfahren, dass man mit seinen Schwierigkeiten und Ängsten nicht allein dasteht und dass es den anderen ähnlich ergeht.

Die sozialen Aktivitäten in den Pausen und Erholungszeiten haben eine andere Qualität und bleiben davon unberührt.

Prüfungsangst – ein Angstgemisch

Bisher war von realer oder auch normaler Prüfungsangst die Rede. Davon lässt sich die neurotische Prüfungsangst unterscheiden. Sie entsteht häufig aus unbewältigten Sozialisationskonflikten, die in der Phase der Prüfungsvorbereitung und Prüfung wieder aufbrechen und zusätzliche Ängste produzieren. Prüfungsangst ist dann ein Angstgemisch aus realer Angst und neurotischer Angst und daher sehr komplex.

Neurotische Prüfungsangst kann man sich in etwa so erklären: In der Prüfungssituation werden unbewusst Ähnlichkeiten der Strukturen der jetzigen Situation mit einer früheren unbewältigten Konfliktsituation wahrgenommen. Beispielsweise taucht in der Prüfer-Prüfling-Beziehung die frühere Eltern-Kind-Konstellation wieder auf. Da die Konflikte unbewusst sind, können die alte Kinderangst und die jetzige Bedrohung nicht auseinander gehalten, nicht getrennt betrachtet werden. Die früher erlebte Hilflosigkeit und Ohnmacht wird auf die Prüfungssituation projiziert, und wie früher wird mit einer massiven Angst darauf reagiert. Das hat zur Folge, dass die Situation nicht mehr realistisch, sondern übertrieben eingeschätzt wird (man nennt das Regression; es wird nicht bedacht, dass man nicht mehr das kleine, hilflose Kind, sondern erwachsen geworden ist und dazugelernt hat). Schließlich kann man sogar völlig außerstande sein, die problemlösenden Schritte zu

118

tun, mit denen die Angst hinsichtlich der Prüfung verringert werden könnte – ein Teufelskreis.

Die Angst vor dem Examen kann auch etwas zu tun haben mit Konflikten wie

- der Angst vor dem Danach:
  Einerseits ist man froh, die Lernerei hinter sich zu haben und nicht mehr abhängig von den Eltern zu sein; andererseits liegt Neuland vor einem, und das ist naturgemäß immer mit Unsicherheit behaftet, zumal heute, wo ein Hochschulabschluß keinen nahtlosen Übergang in den entsprechenden Beruf mehr garantiert und oft Zwischenlösungen und Umwege angesagt sind.
- der definitiven beruflichen Festlegung:
  Solange der letzte Schritt, das Examen, nicht gemacht ist, hält man sich weiterhin alle Möglichkeiten offen.
- einer persönlichen Veränderung:
  Wenn zum Beispiel für die Zeit nach dem Examen die Hochzeit geplant ist. Das ist eine weitere Festlegung, die man vielleicht noch nicht oder nicht mehr eingehen möchte. Dann hilft eine Examensstörung, die Austragung des Konflikts hinauszuschieben.

Das sind nur einige Beispiele, für die Prüfungsangst stehen kann. Wenn Sie aus vorhergehenden Prüfungen von sich wissen, dass Sie ein Prüfungsangst-Typ sind, und wenn Sie den Eindruck haben, dass Dinge mit hereinspielen, die dem eigentlichen Prüfungsgeschehen nicht angemessen sind, dann ist es sinnvoll, psychologische Beratung in Ihre Examensvorbereitung mit einzuplanen, und zwar rechtzeitig und nicht erst fünf vor zwölf. Auf die Schnelle geht da in der Regel nichts mehr. Der Wirkungsgrad jeder Strategie wächst mit der Zeit.

Wenn Sie zielgerichtet, realistisch und konkret geplant und studiert haben, wenn Sie Risiken eingegangen sind, anstatt sie zu vermeiden, dann haben Sie neben Ihrem Wissen auch Selbstsicherheit (Sie sind sicher in dem, was Sie können und was Sie nicht können) und Selbstbewusstsein (Sie haben akzeptiert, dass Sie vieles, aber nicht alles können) erworben.

Ich behaupte, dass die Chancen der neurotischen Angst relativ gering sind, wenn Sie diese Prämissen erfüllt haben, und dass sie ausbricht, wenn das nicht der Fall ist.

9.

Bilanz
Was hat das Buch bewirkt?

Zum Abschluss sollen Sie sich anhand der folgenden Fragen vergegenwärtigen, welchen Nutzen Sie aus der Lektüre des Buches gezogen haben.

Einschätzung
Wenn Sie das Buch gelesen haben,

a) welche Anregungen haben Sie bekommen?

....

....

....

....

....

b) was haben Sie vermisst?

....

....

....

....

....

c) werden Sie es noch systematisch durcharbeiten? Wenn nein, warum nicht?

....

....

....

....

....

Wenn Sie das Buch über das reine Lesen hinaus durchgearbeitet haben, dann füllen Sie bitte den Fragebogen zur Angsthierarchie erneut aus, ohne jedoch vorne nachzuschauen. Vergleichen Sie erst im Nachhinein.

Angsthierarchie

Ausmaß der Hemmungen, vor Gruppen zu reden

1. In einer Veranstaltung (stellen Sie sich bei dieser und allen folgenden Situationen eine Veranstaltung mit etwa 15 bis 30 Teilnehmern vor) soll eine kurze Textstelle (zwei Sätze) vorgelesen werden. Sie melden sich und werden aufgerufen.

   0   10   20   30   40   50   60   70   80   90   100

2. Sie werden – ohne sich gemeldet zu haben – aufgerufen. Sie wissen die Antwort.

   0   10   20   30   40   50   60   70   80   90   100

3. Sie melden sich, um eine Frage zu stellen und werden aufgerufen. Alle schauen Sie an.

   0   10   20   30   40   50   60   70   80   90   100

4. Der Dozent stellt eine Frage und ruft Sie auf. Sie wissen die Antwort nicht.

   0   10   20   30   40   50   60   70   80   90   100

5. Sie werden aufgefordert, aufzustehen und einen Text, den Sie eben durchgelesen haben, in ein paar Sätzen zusammenzufassen. Alle schauen Sie an.

   0   10   20   30   40   50   60   70   80   90   100

6. Sie halten im Stehen ein kurzes Referat (fünf bis zehn Minuten) über ein Thema, das Sie gut beherrschen. Sie haben nur einige Stichworte notiert.

0	10	20	30	40	50	60	70	80	90	100

7. Sie halten im Stehen ein Referat (20 Minuten) vor zirka 40 Zuhörern. Sie haben ein vollständiges Konzept und dürfen ablesen.

0	10	20	30	40	50	60	70	80	90	100

Es kann auch aufschlussreich sein, wenn Sie die Ziele, die Sie sich zu Beginn gesteckt haben, ansehen. In welchem Maße haben Sie sie erreicht? Oder haben sich die Ziele verändert?

Zusätzlich finden Sie noch einen Fragebogen zur (subjektiven) Erfolgsbeurteilung. Die Einschätzung erfolgt auf einer fünfstufigen Skala, mit dem negativen Pol links und dem positiven Pol rechts sowie drei Abstufungsmöglichkeiten dazwischen.

Fragebogen zur Erfolgsbeurteilung

1. Haben Sie den Eindruck, dass sich durch das Training anhand des Buches Ihre Hemmungen, sich aktiv im Seminar zu beteiligen, reduziert haben?

1	2	3	4	5
nein, gar nicht				ja, durchaus

2. Haben Sie den Eindruck, dass sich durch das Training anhand des Buches Ihre Angst, exponiert zu sprechen, reduziert hat?

1	2	3	4	5
nein, gar nicht				ja, durchaus

3. Beurteilen Sie die Häufigkeit Ihrer Beteiligung im Seminar

a) vor dem Arbeiten mit dem Buch

1	2	3	4	5

keine Beteiligung   sehr häufige Beteiligung

b) nachdem Sie das Buch durchgearbeitet haben

1	2	3	4	5

keine Beteiligung   sehr häufige Beteiligung

4. Bitte legen Sie sich Rechenschaft ab über die Erfahrungen, die Sie mit der Lektüre und bei der Umsetzung der Übungen gemacht haben.

a) Was hat Ihnen gefallen?

....
....
....
....
....

b) Was sollte nach Ihrer Meinung geändert werden?

....
....
....
....
....

Literatur

Beck A.T., Gary, E.: *Kognitive Verhaltenstherapie bei Angst und Phobien.* Mitteilungen der DGVT, Sonderheft II, 1981

Bernstein, D.A., Borkovec, T.D.: *Entspannungs-Training. Handbuch der progressiven Muskelentspannung.* Verlag J. Pfeiffer, München, 1990

Beushausen, U.: *Sprechangst. Erklärungsmodelle und Therapieformen.* Westdeutscher Verlag, Opladen, 1996

Bohleber W., Leuzinger-Bohleber M.: »Prüfungsprobleme und ihre psychotherapeutische Behandlung«. In: Krejci, E., Bohleber W. (Hrsg.): *Spätadoleszente Konflikte.* Vandenhoek und Ruprecht, Göttingen, 1982

Bromme R., Rambow R.: *Verbesserung der mündlichen Präsentation von Referaten: Ein Ausbildungsziel und zugleich ein Beitrag zur Qualität der Lehre.* Das Hochschulwesen 6, 1993

Diekstra, R.F.W.: *Ich kann denken, fühlen, was ich will.* Swets & Zeitlinger, Lisse, 1979

Ellis, A.: *Reason and emotion in psychotherapie.* Lyle Stuart, New York, 1962 (deutsch: *Die rational-emotive Therapie.* Urban und Schwarzenberg, München, 1977)

Eschenröder, Chr.T.: *Lebendiges Reden.* Verlag für angewandte Psychologie und moderne Lernmethoden, Bremen, 1982

Frankl, V.E.: *Theorie und Therapie der Neurosen.* Ernst Reinhardt Verlag, München, 1968

Jacobson, E.: *Progressive Relaxation.* University of Chicago Press, 1938

Kirkhoff, M.: *Mind Mapping. Einführung in eine kreative Arbeitsmethode,* Bremen, 1992

Kugemann, W.F.: *Spirale gegen Durchdrehen.* UNI Berufswahl-Magazin, 4, 1986

Metzig, W., Schuster, M.: *Lernen zu lernen. Anwendung, Begründung und Bewertung von Lernstrategien.* Springer-Verlag, Heidelberg, 1982

Riemann, F.: *Grundformen der Angst.* Ernst Reinhardt Verlag, München, 1975

Robinson, F.: *Effective study.* Harper & Row, New York, 1961

Schelp, Th., et al: *Rational-emotive Therapie als Gruppentraining gegen Streß,* Verlag Hans Huber, Bern, 1990

Schwarzer, R.: *Streß, Angst und Hilflosigkeit.* (2. Erw. Auflage). Kohlhammer Verlag, Stuttgart, 1987

Wagner, W.: *Uni-Angst und Uni-Bluff,* Rotbuch Verlag, Berlin, 1992

Wolpe, J.: *Psychotherapie by reciprocal inhibition.* Stanford, Ca., University Press, 1958

Register